Agora

Vencendo a Procrastinação e
Impulsionando a Produtividade

Dan Desmarques

22 Lions

Agora: Vencendo a Procrastinação e Impulsionando a Produtividade

Escrito por Dan Desmarques

Índice

Introdução

Você está cansado de se sentir preso, sobrecarregado e improdutivo? Você tem adiado tarefas importantes apenas para ser assombrado por prazos iminentes e metas não cumpridas? Se sim, este livro é para você.

"Agora: Vencendo a Procrastinação e Impulsionando a Produtividade" aborda a psicologia complexa da procrastinação e oferece estratégias práticas e baseadas na ciência para ajudá-lo a superá-la. Se você é um estudante que luta para acompanhar as tarefas, um profissional que busca se destacar na carreira ou alguém que simplesmente quer aproveitar melhor o tempo, este livro lhe dará as ferramentas necessárias para transformar sua vida.

O livro desmascara mitos comuns sobre preguiça e procrastinação, revelando que esses rótulos muitas vezes simplificam demais questões psicológicas mais profundas, que exigem uma abordagem compassiva e holística. Ao entender a verdadeira natureza da motivação e alinhar suas ações com seus valores e aspirações mais profundos, você pode desbloquear uma fonte de energia e impulso que o impulsionará em direção aos seus objetivos.

Ao longo do livro, são explorados os fundamentos da motivação, o poder da formação de hábitos e a importância de criar um ambiente de apoio. São oferecidas estratégias práticas para ação imediata, ajudando a quebrar o ciclo da procrastinação e alcançar um sucesso duradouro. Se você busca melhorar suas habilidades de gerenciamento de tempo, cultivar a autodisciplina ou obter uma compreensão mais profunda de si mesmo, este livro servirá como seu roteiro para uma vida mais gratificante e produtiva.

Aprenda a aceitar desafios, superar dúvidas e criar uma vida que reflita seu eu autêntico. Não permita que a procrastinação o impeça de avançar. Dê o primeiro passo para um futuro mais brilhante hoje.

Capítulo 1: Entendendo a Verdadeira Motivação

Em nossa sociedade acelerada, os termos "preguiçoso" e "procrastinador" são frequentemente empregados para rotular o comportamento improdutivo. No entanto, esses rótulos são superficiais e não abordam os problemas psicológicos subjacentes. Eles simplificam demais questões complexas que estão enraizadas em nosso mal-entendido sobre a motivação humana.

Ao contrário da crença popular, a motivação não é um recurso finito que deve ser constantemente reabastecido. A motivação verdadeira e duradoura vem de alinhar nossas ações com nossos valores e aspirações mais profundos. Quando nos envolvemos em atividades que ressoam com nossos eus autênticos, naturalmente encontramos a energia e o impulso para perseverar, mesmo diante de desafios.

Infelizmente, muitos de nós fomos condicionados a perseguir objetivos e atividades que não se alinham ao nosso eu interior. Fomos ensinados a buscar validação externa, a perseguir ideais sociais de sucesso e a nos conformar com as expectativas alheias. Essa desconexão entre nossas ações e nossos verdadeiros desejos pode levar a uma profunda sensação de desilusão, frustração e, por fim, à procrastinação.

Nesse contexto, o termo "preguiçoso" é enganoso. Em vez de representar uma falha de caráter ou falta de força de vontade, a procrastinação muitas vezes é um mecanismo de enfrentamento de problemas. Nossas mentes nos protegem de enfrentar nossas limitações, medos e necessidades não atendidas, evitando que executemos tarefas. Para sair desse ciclo, precisamos identificar e resolver os problemas subjacentes. Isso pode envolver a exploração de experiências de infância, crenças e expectativas internalizadas. Também é necessário enfrentar nossos medos, inseguranças e resistência à mudança. Através da autodescoberta, ganhamos uma compreensão mais profunda de nós mesmos.

Ao alinhar nossos objetivos e ações com nossos valores e paixões fundamentais, transformamos uma tarefa em uma jornada gratificante. Ao transformar tarefas em experiências envolventes, recompensadoras e progressistas, aumentamos nossa motivação e promovemos uma sensação de domínio e controle sobre nossas vidas. Abordar nossas lutas com emoção, bondade e vontade de aprender pode melhorar muito nossa capacidade de superar a procrastinação e levar vidas mais gratificantes e produtivas.

Produtividade sem esforço não significa adquirir mais habilidades ou horários rígidos, mas entender nossas motivações e alinhar nossas ações com nossos verdadeiros desejos. Ao adotar essa abordagem holística, é possível superar a procrastinação e alcançar crescimento pessoal e realização além das expectativas sociais.

Uma das principais causas da procrastinação é a crença de que devemos alcançar o sucesso por meio de padrões socialmente aceitos. No entanto, o sucesso não é medido pela conclusão de tarefas ou pelo recebimento de prêmios e elogios sociais, mas pela profundidade do autoconhecimento e pela qualidade de vida. Muitas vezes, desviar-se das expectativas ou percepções alheias significa sentir-se bem-sucedido quando os outros nos veem como fracassados. Por outro lado, muitas pessoas se desmotivam após atingir um certo nível de popularidade.

A motivação molda nossas ações, alimenta nossas ambições e, por fim, determina o curso de nossas vidas. Para aproveitar o poder da motivação, no entanto, é necessário aprofundar-se na intrincada interação entre autonomia e domínio. A autonomia, o senso de autodeterminação e o controle sobre a vida constituem a base da motivação. Quando nos sentimos capacitados para fazer nossas próprias escolhas e traçar nosso próprio curso, um poderoso impulso interno é aceso.

Essa autonomia vai além da mera liberdade de restrições externas e inclui um profundo senso de responsabilidade por nossas ações e seus resultados. Por outro lado, quando nos sentimos controlados ou manipulados, nossa motivação se esgota e é substituída por ressentimento e apatia. Somente através da autodeterminação passamos para o próximo nível de nossas vidas, comprometidos com a busca interminável de nos tornarmos melhores e de aperfeiçoar continuamente nossas habilidades.

Esse desejo humano inato de se destacar, adquirir competência e alcançar o domínio em nossas atividades escolhidas alimenta nossa paixão e sustenta nossa motivação. O domínio não significa perfeição, mas um processo contínuo de crescimento e desenvolvimento. Significa aceitar desafios, aprender com os erros e aprimorar constantemente nosso ofício. Dominar uma habilidade, superar obstáculos e alcançar um nível mais alto de competência proporciona uma satisfação imensamente gratificante e intrinsecamente motivadora.

Em resumo, a procrastinação ocorre quando nossas ações não correspondem aos nossos desejos reais. Para superá-la, precisamos garantir que nossos objetivos estejam alinhados com nossos valores fundamentais e com o que nos faz felizes.

Capítulo 2: O Poder do Propósito na Motivação

O objetivo é a bússola que nos guia para empreendimentos impactantes e significativos. Ele nos permite enxergar claramente como nossas ações contribuem para algo maior do que nós mesmos, seja ao servir aos outros, criar algo bonito e significativo ou viver de acordo com nossos valores. Sem um senso de propósito, até mesmo os indivíduos mais hábeis e autônomos podem experimentar uma profunda sensação de vazio e insatisfação.

A interação entre autonomia, domínio e propósito cria uma sinergia poderosa que transforma atividades corriqueiras em conquistas reais e duradouras. Essa sinergia nos permite criar o próprio destino. No entanto, o cenário motivacional de cada indivíduo é único, moldado por experiências pessoais, valores e aspirações. Para desbloquear todo o seu potencial, é fundamental compreender as complexidades de seus próprios motores motivacionais e identificar os fatores que realmente inspiram e energizam você.

No centro dessa busca está a distinção entre motivação intrínseca e extrínseca. A motivação intrínseca, alimentada por uma paixão genuína pela tarefa em si, muitas vezes leva a níveis mais altos de criatividade, persistência e satisfação geral. Em contraste, a motivação extrínseca, impulsionada por recompensas ou incentivos externos, pode ser eficaz a curto prazo, mas carece do poder duradouro dos impulsos intrínsecos. Além dessa dicotomia, emergem outros poderosos motivadores, como a busca por status e a influência da prova social.

O desejo de reconhecimento e validação pode ser uma força poderosa, levando os indivíduos a conquistas notáveis. No entanto, deve ser equilibrado com um forte senso de impulso interior para evitar que a ambição excessiva assuma o controle. Da mesma forma, a tendência de nos conformarmos com os comportamentos e crenças de nossos colegas pode proporcionar um senso de pertencimento e validação, mas também pode sufocar a individualidade e o crescimento pessoal.

A busca pelo domínio está intimamente ligada ao impulso intrínseco. Ao alinhar seus objetivos e ações com seus impulsionadores intrínsecos mais profundos e incorporar estrategicamente motivadores extrínsecos e outros influenciadores, você pode criar um ecossistema sinérgico de motivação que o impulsiona para frente com determinação inabalável. Trata-se de um processo contínuo de autorreflexão que requer adaptação constante aos ambientes de trabalho, relacionamentos e interesses pessoais em constante mudança.

No local de trabalho, por exemplo, manter-se motivado requer uma compreensão clara de seus valores e objetivos, um foco no impacto positivo de suas contribuições e uma conexão com colegas que compartilham seus valores. Buscar oportunidades de desenvolvimento profissional que se alinhem com suas aspirações facilita esse alinhamento.

Em relacionamentos pessoais, comunicação aberta, respeito mútuo e objetivos compartilhados são essenciais para manter a motivação e promover relacionamentos saudáveis. Quando surgem desafios, buscar ativamente soluções enquanto cultiva empatia e compreensão é fundamental para superar o ressentimento e manter o compromisso com o relacionamento. Entender a motivação humana, tanto em nós mesmos quanto nos outros, é fundamental para alcançar um sucesso duradouro.

A motivação é uma interação complexa de fatores psicológicos e emocionais que influencia nossas ações e decisões. Quando as pessoas se sentem capacitadas para fazer escolhas alinhadas com seus valores e aspirações, é mais provável que se envolvam em tarefas com entusiasmo e persistência. A autoconfiança permite que as pessoas assumam o comando de suas vidas e superem qualquer desafio. Portanto, devemos permanecer vigilantes para garantir que nossos valores estejam alinhados aos dos outros e que todos estejam em busca do mesmo objetivo.

Pessoas que colocam seus próprios interesses à frente dos outros dificilmente formam parcerias comerciais, amizades ou casamentos bem-sucedidos. Quando alinhamos nosso propósito com nossos valores e os dos outros, criamos uma fonte de determinação que nos sustenta mesmo nas circunstâncias mais desafiadoras. Esse foco constrói resiliência, mantém a coesão do grupo e nos permite superar contratempos com um compromisso inabalável.

Para conseguir isso, devemos começar pequeno, focar em uma ou duas mudanças gerenciáveis de cada vez e comemorar nossos sucessos gradualmente. Lembre-se de que a motivação, assim como a higiene pessoal, requer cuidados diários e esforço consistente. Devemos alimentar nossas mentes com pensamentos e padrões construtivos para criar uma base sólida para o crescimento e a realização. Essa abordagem proativa nos mantém engajados e focados em nossos objetivos. Ao compreender e nutrir nossas motivações intrínsecas, podemos construir uma vida com propósito e satisfação, que transcende a atração superficial das recompensas externas.

Em resumo, entender o que nos impulsiona é fundamental para o sucesso a longo prazo. Quando agimos de acordo com nossos valores e objetivos, aproveitamos nosso próprio impulso interior, que nos leva a alcançar coisas incríveis. Esse alinhamento nos torna mais fortes, promove o trabalho em equipe e nos dá coragem para perseverar diante dos desafios.

Capítulo 3: Criando um Ambiente de Apoio para Motivação Sustentada

É crucial cercarmos-nos de pessoas solidárias que nos desafiem a sermos a nossa melhor versão. É preciso aprender a distinguir conexões genuínas daquelas baseadas em superficialidade ou inveja, pois a qualidade dos relacionamentos tem um impacto significativo na motivação. Confiar em seus instintos, que muitas vezes revelam verdades além da mente racional, é uma habilidade importante que não deve ser negligenciada. Eles nos ajudam a nos adaptar à constante mudança do ambiente em nossas vidas. Adaptar-se a essa fluidez nos permite moldar ativamente nosso cenário motivacional, em vez de simplesmente reagir às circunstâncias.

A vida é uma interação complexa de fatores que moldam o comportamento humano. Esses fatores, como a busca por significado, a necessidade de segurança, a prevenção da dor e a busca do prazer, desempenham um papel central nas ações e decisões humanas. Reconhecer essa interação nos permite alinhar nossos objetivos e comportamentos com o ambiente ideal para que prosperem. Quando encontramos significado em nosso trabalho, segurança em nossos relacionamentos e oportunidades de crescimento pessoal, nossa motivação atinge o ápice.

Quando esses motores estão desequilibrados, podemos nos ver presos à procrastinação e a um profundo sentimento de desconexão do nosso verdadeiro eu. Por exemplo, o compromisso inabalável de aprimorar habilidades e ultrapassar limites que alimentam o impulso pelo domínio pode ser um motivador poderoso, levando a realizações notáveis. No entanto, se estivermos no ambiente errado, essa determinação pode levar a contratempos, ressentimento, inveja e várias tentativas de sabotagem de nossos resultados por parte de outras pessoas.

Da mesma forma, a influência da prova social pode ser uma faca de dois gumes, proporcionando um senso de pertencimento e validação, mas também correndo o risco de sufocar a individualidade e limitar o crescimento pessoal. A chave é cultivar uma abordagem equilibrada para alcançar motivação e realização duradouras. A motivação também envolve a aplicação estratégica de técnicas para cultivá-la em diferentes contextos de vida. Sem pressão externa, confiamos em nosso impulso interno para perseverar.

Quando nos sentimos isolados, precisamos definir metas claras e alcançáveis, dividir grandes tarefas em etapas menores e mais gerenciáveis e comemorar cada conquista ao longo do caminho. Muitas vezes, promover a automotivação envolve superar obstáculos internos, como a dúvida. Ao desafiar ativamente a conversa interna negativa, no entanto, é possível se libertar desses padrões. Substituir a autocrítica pela autocompaixão e adotar uma mentalidade de crescimento nos permite perseverar diante da adversidade.

Ao nos aprofundarmos em nossos pensamentos, emoções e comportamentos, podemos identificar os padrões que levam à procrastinação e interrompê-los conscientemente. Muitas vezes nos tornamos nossos próprios críticos mais duros, repreendendo-nos por deficiências percebidas e perpetuando um ciclo de autodúvida e evitação. No entanto, ao aprender a tratar a nós mesmos com a mesma gentileza e compreensão que estenderíamos a um amigo valioso, podemos nos libertar desse padrão destrutivo e encarar nossos objetivos com confiança e determinação renovadas.

A motivação é um processo dinâmico que exige nutrição e ajustes constantes. Para continuar avançando e evitar retornar à procrastinação, precisamos de estratégias para manter a motivação, cultivar a autodisciplina e abraçar a flexibilidade. No entanto, é importante estar ciente de que os sentimentos de estar sobrecarregado podem desencadear a procrastinação. Ao nos depararmos com tarefas grandes ou complicadas, podemos nos sentir intimidados pelo tamanho do que precisa ser feito. Esse sentimento avassalador pode levar a um estado de paralisia, no qual lutamos para identificar o ponto de partida.

A incapacidade de dividir as tarefas em etapas gerenciáveis exacerba os sentimentos de ansiedade e inadequação, alimentando ainda mais o ciclo de procrastinação. Além disso, os déficits de atenção, causados por condições como TDAH (Transtorno de Déficit de Atenção e Hiperatividade) ou pelas constantes distrações do nosso mundo moderno, contribuem significativamente para a procrastinação. Indivíduos com déficit de atenção muitas vezes têm dificuldade para se concentrar nas tarefas, o que dificulta o início e a conclusão do trabalho.

A atração por atividades mais imediatamente gratificantes, como navegar pelas mídias sociais ou navegar na web, dificulta ainda mais nossa capacidade de nos mantermos no caminho certo. No entanto, ao implementar estratégias para enfrentar esses desafios, é possível criar um ambiente que apoie a motivação sustentada e o crescimento pessoal.

Em resumo, cercar-se de pessoas de apoio e criar um ambiente equilibrado são fundamentais para manter a motivação. Entender a importância do significado, da segurança e do prazer nos permite criar objetivos e comportamentos que se alinhem ao nosso verdadeiro eu.

Capítulo 4: Estratégias Holísticas para Aumentar a Produtividade

Estratégias práticas, como otimizar o ambiente de trabalho, utilizar a tecnologia de maneira eficaz e aplicar técnicas de gerenciamento de tempo, podem aumentar significativamente a produtividade. Criar um espaço de trabalho focado e livre de distrações, definir prioridades claras e usar ferramentas como a Técnica Pomodoro pode nos ajudar a permanecer na tarefa e alcançar nossos objetivos.

A Técnica Pomodoro é um método de gerenciamento de tempo que divide o trabalho em intervalos de 25 minutos, com pausas curtas entre eles. Depois de quatro Pomodoros, é necessário um intervalo mais longo. Essas pausas regulares ajudam a prevenir o esgotamento e a manter a clareza mental.

No entanto, é importante lembrar que a produtividade não se trata apenas de verificar tarefas, mas de viver uma vida gratificante e proposital. Embora recompensas externas, como ganho financeiro, medo de punição ou o desejo de aprovação social, possam ser eficazes a curto prazo, muitas vezes não fornecem a realização duradoura e o impulso interno que a motivação intrínseca pode proporcionar.

Além disso, devemos aprender a reconhecer e apreciar os momentos em que a adversidade pode ser superada com alegria, assim como os momentos em que a dor muitas vezes precede a cura. Esse entendimento nos permite reformular nossa perspectiva, abraçando a natureza cíclica da vida e as oportunidades de crescimento que surgem até mesmo dos obstáculos mais desafiadores. Reconhecer que a harmonia interior precede o sucesso externo requer uma autoavaliação honesta e a coragem de enfrentar as crenças limitantes que moldam nossas vidas.

Essa abordagem não busca a perfeição, mas a coragem de desafiar nossas crenças limitantes e zonas de conforto. A vida é um quebra-cabeça complexo, e abraçá-la significa encontrar o equilíbrio entre todas as coisas importantes. Isso inclui autocontrole, saúde, relacionamentos, aprendizado, criatividade, diversão e estabilidade financeira. Essa abordagem holística para a definição de metas vai além da maneira tradicional de estabelecer objetivos.

No centro de tudo isso está o autocontrole, a base sobre a qual tudo o mais se apoia. Ao aprender a controlar nossos impulsos, emoções e comportamentos, construímos disciplina e resiliência. Ao estabelecer metas que nos ajudam a desenvolver o autocontrole, ganhamos força para superar desafios e tentações que nos atrapalham. No entanto, o autocontrole e a saúde estão intimamente relacionados.

Quando cuidamos de nossos corpos e mentes, nos sentimos melhor. Precisamos nos exercitar regularmente, comer alimentos saudáveis e fazer coisas que nos ajudem a relaxar e a pensar com clareza. Quando cuidamos de nós mesmos, não apenas nos tornamos mais fortes e saudáveis, mas também mais confiantes e capazes de lidar com o que quer que a vida nos apresente.

Os relacionamentos são igualmente importantes, pois têm um impacto significativo em nossa saúde mental e felicidade. Nessa área, os objetivos podem se concentrar no fortalecimento dos relacionamentos existentes, no desenvolvimento de novas conexões significativas ou na melhoria das habilidades de comunicação. Os relacionamentos saudáveis fornecem apoio emocional, incentivo e estímulo à responsabilidade.

Aprender é uma jornada que se estende por toda a vida, ampliando nossos horizontes e aprimorando nossa capacidade de inovar. Seja por meio da educação formal, da aquisição de novas habilidades por meio da leitura ou da exploração autodirigida, cultivamos uma curiosidade e uma adaptabilidade insaciáveis — qualidades essenciais em um mundo em constante mudança. Ao ampliar continuamente nosso conhecimento, abrimos-nos a novas oportunidades de crescimento pessoal e profissional e nos preparamos para prosperar diante dos desafios em constante evolução.

No entanto, o conhecimento por si só não basta para se adaptar a um mundo em constante transformação. A criatividade emerge como uma força poderosa que permite que os indivíduos gerem novas ideias e se expressem autenticamente. Para se destacar, as pessoas precisam das habilidades certas e mais atualizadas, da capacidade de analisar diferentes perspectivas, de pensar de maneira diferente e da coragem de reconhecer e aceitar suas emoções. Participar de atividades criativas não só traz alegria, mas também fortalece a resolução de problemas, beneficiando nossa vida pessoal e profissional.

É importante não confundir criatividade com lazer. Os objetivos recreativos giram em torno de lazer, relaxamento e atividades que nos trazem alegria e rejuvenescimento. O tempo dedicado ao lazer nos permite recarregar nossas baterias mentais e emocionais, prevenir o esgotamento e promover uma integração mais saudável entre trabalho e vida pessoal. É importante lembrar que a necessidade de autodesenvolvimento, relaxamento e aquisição de riqueza não são empreendimentos separados, como muitos acreditam.

Embora a riqueza não seja o único indicador de sucesso, ela proporciona segurança financeira e liberdade, facilitando a busca por outros objetivos. No entanto, é importante que as metas relacionadas à riqueza estejam alinhadas com nossos valores e ética, para garantir que a prosperidade financeira não afete nossa integridade ou bem-estar.

Em resumo, a verdadeira produtividade consiste em viver uma vida feliz e significativa. Ao se concentrar no autocontrole, cuidar da saúde, nutrir relacionamentos, aprender coisas novas, ser criativo, encontrar alegria e alcançar estabilidade financeira, é possível desenvolver um senso holístico de autocuidado.

Capítulo 5: Aproveitando a Orientação e o Gerenciamento de Tempo para o Sucesso

A orientação de mentores pode ser muito valiosa. Conectar-se com colegas que podem oferecer incentivo, responsabilidade e perspectivas diferentes pode melhorar muito nosso progresso e manter nossa motivação alta. Eles também podem ajudar a moldar nossas ações. Cada ação que tomamos reflete nossas crenças, desejos e prioridades internas. Como tudo na vida requer investimento, a diferença em nossos resultados pode ser significativa se alocarmos sabiamente nosso recurso mais precioso: o tempo.

Gerenciar o tempo de maneira eficaz vai além de simplesmente agendar tarefas; envolve priorizar conscientemente atividades que realmente se alinhem com nossos objetivos de longo prazo. Esses objetivos servem como base para a construção de uma rotina estruturada que se encaixe perfeitamente em nossas vidas diárias. A consistência é fundamental, pois a pesquisa mostra que leva, em média, 66 dias para se formar um novo hábito. Para criar um ciclo de feedback positivo que reforce nosso progresso e crie impulso, devemos começar pequeno e aumentar gradualmente a duração ou a intensidade de nossos comportamentos desejados.

Celebrar pequenas vitórias ao longo do caminho constrói nossa confiança e promove uma sensação de realização que nos motiva. As recompensas solidificam a associação entre um comportamento e um resultado positivo, aumentando a probabilidade de repetição do hábito. Como toda ação decorre de uma emoção, devemos alinhar nossos pensamentos, sentimentos e comportamentos para alcançar nossos objetivos. Ao cultivar uma atitude positiva e criar um ambiente propício a hábitos produtivos, nos aproximamos deles.

Essa atitude positiva pode ser fortalecida quando acreditamos em nossos resultados. A capacidade de enxergar o intangível e confiar em nossas aspirações é um exemplo do poder da crença. De fato, a pesquisa mostrou que uma dependência excessiva de recompensas extrínsecas pode, por vezes, minar a motivação intrínseca. Os indivíduos podem começar a ver uma atividade como um meio para um fim, e não como uma fonte de prazer. Por isso, muitas pessoas ricas enfatizam que o dinheiro não é o objetivo final, ao contrário daqueles que o veem como solução para seus problemas.

A diferença entre os ricos e os menos afortunados geralmente está em sua compreensão da origem da riqueza. Os ricos reconhecem que a riqueza vem de uma mente conhecedora, do poder das ideias e da implementação proativa dessas ideias, superando o medo do fracasso, enquanto os menos afortunados podem negligenciar sua necessidade de educação em favor de aplicar suas economias, acreditando que a sorte, e não a inteligência, é a maneira mais confiável de escapar da miséria. Essa mentalidade não apenas perpetua as dificuldades financeiras, mas também contribui para um estado espiritual de pobreza que afeta as gerações futuras nascidas em tais ambientes.

Em contextos religiosos, os ricos muitas vezes rezam por oportunidades, enquanto os menos afortunados rezam por dinheiro. No entanto, o dinheiro pode ser volátil e frequentemente resulta em ganhos de curto prazo, enquanto oportunidades para negócios duradouros podem proporcionar segurança financeira duradoura. Em vez de se concentrar apenas no dinheiro, pode ser mais benéfico para os menos afortunados procurar emprego e construir um futuro estável. Quando recebem inesperadamente mais dinheiro ou bênçãos financeiras, muitas vezes gastam impulsivamente e acabam voltando aonde começaram. Essa tendência está relacionada ao medo da riqueza.

Mudar efetivamente essa mentalidade requer uma profunda transformação psicológica, incluindo uma reavaliação das crenças sobre dinheiro, maior disciplina, aumento da autoestima e senso de responsabilidade. Estudos sugerem que a combinação de fé com imagens mentais pode aumentar a autoestima e o senso de responsabilidade. Um estudo de Holmes e Collins (2001) sugere que as imagens mentais podem melhorar o desempenho físico ao criar um projeto mental correspondente à experiência real.

Essa técnica tem sido utilizada com sucesso na psicologia do esporte para melhorar o desempenho atlético. As técnicas de visualização, que envolvem o ensaio mental dos resultados desejados, podem ser altamente eficazes para melhorar o desempenho e alcançar metas. Além disso, um estudo de Pham e Taylor (1999) descobriu que as simulações mentais baseadas em processos, que envolvem a visualização das etapas necessárias para atingir um objetivo, são mais eficazes do que as simulações baseadas em resultados, que se concentram apenas no resultado final desejado.

A visualização eficaz envolve imaginar não apenas o resultado desejado, mas também as etapas e ações necessárias para alcançá-lo, aumentando as chances de sucesso. Essa visualização baseada em processos também aumenta a motivação.

Em resumo, para alcançar seus objetivos, é fundamental saber gerenciar bem o tempo. Manter uma atitude positiva, acreditar em seus objetivos e usar a visualização pode ajudá-lo a se manter motivado e alcançar o sucesso. Ao alinhar suas ações com seus valores fundamentais, você estará no caminho certo para construir riqueza e alcançar um sucesso duradouro.

Capítulo 6: Transformando Prazos em Oportunidades

A interação dinâmica de antecipação, reforço e desafio cria um cenário motivacional que incentiva os indivíduos a perseguirem seus objetivos com um compromisso inabalável. As técnicas de visualização são fundamentais para superar contratempos, criando antecipação e promovendo a crença na obtenção dos resultados desejados, apesar dos obstáculos e desafios enfrentados.

Manter a esperança e a crença em um resultado específico nos permite enxergar o intangível, o que é fundamental diante da adversidade. Quando alinhamos nossas atividades diárias com um claro senso de propósito, juntamente com a crença e a visualização de nossos resultados desejados, nos tornamos uma fonte inesgotável de inspiração, criatividade e determinação. Ao alinhar conscientemente nossos pensamentos, crenças e ações com esses pilares, nos libertamos da procrastinação e alcançamos nosso verdadeiro potencial.

No entanto, somente entendendo os fatores subjacentes ao nosso comportamento podemos moldar conscientemente nossas motivações e alinhá-las com nossos valores e aspirações mais profundos. Esse processo envolve confrontar ilusões e abraçar o crescimento pessoal, mesmo quando é desafiador e isolante. Também é necessário reconhecer que nossas limitações são, muitas vezes, construções mentais autoimpostas.

À medida que expandimos nosso conhecimento e desenvolvemos nossas habilidades, devemos rejeitar ambientes e pessoas que nos impedem de progredir e alcançar nossos objetivos. A noção de que não devemos compartilhar nossos sonhos com os outros decorre dessa verdade fundamental, embora seja mais sensato evitar nos associarmos com pessoas com quem não podemos compartilhar nossas vidas.

Essa capacidade de discernimento requer humildade para reconhecer nossos pontos fortes e fracos e buscar ativamente oportunidades de aprendizado, experimentação e desafio, mesmo diante da incerteza ou do risco de fracasso. A fonte mais duradoura de motivação é a busca por uma vida significativa, repleta de obstáculos que podemos superar. No entanto, muitas vezes ignoramos isso quando permitimos que pessoas entrem em nossas vidas e acreditamos que podemos mudá-las com argumentos. Essa abordagem é uma perda de tempo e energia.

O propósito transcende a necessidade de aceitação externa, aprovação ou riqueza material. É um profundo entendimento de que nosso tempo na Terra é limitado e de que a forma como o usamos contribui para a realização de nossa visão pessoal de um futuro ideal que transcende nossa jornada física. Cultivar um senso de propósito requer introspecção e reflexão sobre nossos valores fundamentais, paixões e o legado que desejamos deixar para trás. Isso inclui identificar as causas que ressoam conosco e imaginar o impacto que desejamos causar no mundo.

Relacionamentos significativos baseados no respeito mútuo, na compaixão e em um senso compartilhado de propósito fornecem os recursos emocionais, práticos e intelectuais necessários para superar a procrastinação. Buscar e aceitar ajuda dos outros é um sinal de força, não de fraqueza. Ao reconhecer nossas limitações e estar abertos a pedir apoio, demonstramos nosso compromisso com o próprio desenvolvimento. Isso é especialmente verdadeiro quando o assunto são prazos.

Longe de serem meras restrições, os prazos, quando usados com habilidade, podem servir como ferramentas poderosas para identificarmos efetivamente os elementos de nossas vidas que nos impulsionam para frente e aqueles que impedem nosso progresso. Os prazos criam um senso de urgência e foco, ajudando-nos a priorizar tarefas, melhorar a gestão do tempo e mobilizar nossos recursos. Esse estado elevado de foco aumenta nossa produtividade e promove uma profunda sensação de realização quando alcançamos nossos objetivos.

Para aproveitar efetivamente o poder dos prazos, devemos desafiar ativamente a conversa interna negativa, visualizar os resultados desejados e dividir grandes tarefas em etapas gerenciáveis. Dessa forma, podemos transformar prazos, que costumam ser fontes de estresse, em oportunidades de realização e crescimento pessoal. Em vez de ver o tempo como um mestre implacável de tarefas, podemos aprender a usá-lo como um recurso precioso para alimentar nosso crescimento, obter uma compreensão mais profunda do verdadeiro valor de nossos relacionamentos e realizar nossos sonhos.

Em resumo, quando vistos como oportunidades de crescimento e realização pessoal, os prazos se tornam ferramentas incrivelmente poderosas. Ao alinhar nossas ações com um claro senso de propósito e uma crença inabalável em nossas habilidades, podemos superar a procrastinação e liberar todo o nosso potencial. Esse processo envolve enfrentar limitações autoimpostas, buscar apoio externo e cultivar relacionamentos significativos.

Capítulo 7: Construindo Impulso para o Sucesso

Às vezes, nossas grandes aspirações podem parecer esmagadoras e nos impedir de avançar. Em vez de tentar lidar com tudo de uma vez, dividir nossos objetivos em etapas menores e mais gerenciáveis pode facilitar um progresso constante e criar impulso. A mudança real vem da execução consistente e disciplinada de ações aparentemente insignificantes.

Hábitos e rotinas diárias, como exercícios regulares, alimentação consciente e meditação, são fundamentais para o sucesso em todas as áreas da vida. Quando nos concentramos em objetivos de curto prazo, que podem ser alcançados em dias ou semanas, esses pequenos passos podem proporcionar realizações tangíveis e motivação para continuar avançando. Celebrar essas vitórias cria um ciclo de feedback positivo que alimenta nosso desejo de enfrentar o próximo desafio.

Assim como uma pedra rolando ladeira abaixo, nossas ações podem ganhar impulso e força com consistência e propósito. Cada tarefa e marco concluídos nos impulsionam para frente, fazendo com que obstáculos aparentemente intransponíveis para nossos objetivos de longo prazo pareçam mais alcançáveis. Ao alinhar nossos hábitos diários e objetivos de curto prazo com nossas aspirações maiores e mais ambiciosas, criamos um equilíbrio harmonioso em vários aspectos de nossas vidas.

No ambiente profissional, as microetapas podem incluir reservar tempo diariamente para o desenvolvimento de habilidades, networking ou planejamento estratégico. Essas pequenas ações, quando acumuladas ao longo do tempo, levam a um progresso constante em direção aos nossos objetivos de carreira, seja garantindo uma promoção, lançando um novo negócio ou fazendo a transição para um campo de trabalho mais gratificante.

No âmbito financeiro, as etapas básicas incluem orçamento, poupança e gerenciamento de dívidas. Ao seguirmos consistentemente essas pequenas etapas, podemos atingir metas de curto prazo, como aumentar a renda por meio de atividades paralelas ou investimentos estratégicos. Dessa maneira, estabelecemos as bases para a estabilidade financeira a longo prazo e para a liberdade de perseguir nossas paixões sem preocupações financeiras.

Da mesma forma, a abordagem de micropasso pode ser igualmente transformadora para o nosso bem-estar emocional. Ao incorporar práticas regulares de autorreflexão, diário e gerenciamento de estresse em nossas rotinas diárias, cultivamos a resiliência emocional. Dessa maneira, enfrentamos os desafios de nossas vidas pessoais e profissionais com mais facilidade.

O crescimento intelectual também é favorecido por uma abordagem estruturada para o estabelecimento de metas. Em vez de consumir grandes quantidades de informações sem pensar, podemos cultivar um hábito de leitura consistente, estabelecendo metas alcançáveis, como ler 20 páginas por dia, participar ativamente de experiências de aprendizagem colaborativas e buscar continuamente oportunidades de educação continuada e aprimoramento de habilidades. À medida que essas microetapas se acumulam ao longo do tempo, expandimos nosso conhecimento e abrimos novos caminhos para o crescimento pessoal e profissional.

Ao longo do caminho, não se pode negligenciar a esfera social, pois nossas conexões com os outros têm um impacto significativo em nosso bem-estar e felicidade. Ao definir pequenas metas relacionadas ao networking, ao envolvimento comunitário e ao cultivo de relacionamentos existentes, podemos construir, gradualmente, uma rede social de apoio e enriquecedora, que impacte positivamente nossas vidas. A chave é cultivar relacionamentos que ressoem com nossas aspirações e nos capacitem, em vez de drenar nossa energia.

Por exemplo, tive inúmeras conversas com empreendedores de várias nações bem-sucedidos, que me inspiraram a produzir mais e melhores livros. A percepção deles do meu trabalho como uma maravilha atemporal capaz de elevar inúmeras almas encheu-me de honra e responsabilidade para produzir um trabalho ainda melhor. Em contraste, a maioria das pessoas que conheci de várias origens me fizeram sentir inadequado por não me conformar com suas ideias estreitas sobre o que um escritor, um livro ou meu estilo de vida deveriam ser. Enquanto alguns elogiaram minha liberdade de viajar, muitos tentaram me convencer de que meu estilo de vida, alcançado após uma década de vários empregos, está errado.

A influência negativa que a maioria das pessoas exerceu sobre mim era evidente em meu estado emocional. Eles me desmotivaram, fizeram com que eu perdesse o interesse no meu trabalho e, muitas vezes, me levaram a procrastinar. Em contraste, o grupo de empreendedores que conheci me inspirou a procurar maneiras de me aperfeiçoar e de aperfeiçoar meu trabalho. Essa diferença é significativa e não pode ser ignorada. Muitas pessoas estão mais interessadas em nos ver lutar, falhar e desistir do que em nos ver ter sucesso. Elas se satisfazem com nossos fracassos, como evidenciado por seus sorrisos diante de nossa exaustão e da falta de resultados. Muitas vezes, essas pessoas fazem parte da nossa própria família.

Em resumo, para alcançar seus sonhos, é preciso dividi-los em etapas menores e mais facilmente gerenciáveis. Ao tomar medidas consistentes e disciplinadas, como hábitos diários e metas de curto prazo, você criará impulso e tornará seus sonhos de longo prazo mais alcançáveis. Ao longo do caminho, lembre-se de se cercar de pessoas solidárias e positivas que acreditem em suas habilidades.

Capítulo 8: Enfrentando e Superando a Resistência.

Aqueles que desejam se aperfeiçoar frequentemente enfrentam resistência. Algumas pessoas são complacentes e se ressentem daqueles que têm coragem para perseguir seus sonhos. Devemos continuar e, às vezes, confrontar aqueles que tentam nos impedir de alcançar nossos objetivos. Essas pessoas podem nos insultar ou até mesmo se tornar violentas se não concordarmos com elas ou com a forma como lidamos com sua arrogância, egoísmo e ideias delirantes sobre a vida.

Embora a meditação e as caminhadas no parque possam nos ajudar a recuperar a energia para lidar com ambientes estressantes, elas não são suficientes para sustentar um efeito motivacional a longo prazo. As pessoas com quem interagimos têm um impacto significativo em nossos níveis de motivação ao longo do tempo e podem nos fazer procrastinar quando sua energia está baixa. Para permanecermos consistentemente produtivos, precisamos identificar claramente essas influências e fazer um esforço para evitá-las.

A autoconsciência, juntamente com medidas proativas, fornece o equilíbrio ideal entre nossos eus autênticos, as energias do mundo e nossa expressão criativa. É por meio de momentos de contemplação, reflexão e pensamento claro que nos conectamos com algo além de nós mesmos e aprofundamos nossa compreensão do nosso lugar no universo. Os desafios que enfrentamos, as lições que aprendemos e as conexões que fazemos ao longo do caminho moldam quem somos. Reconhecer como tudo nos afeta também requer uma compreensão da complexa relação entre nosso ambiente físico, nosso estado mental e nossas estratégias de produtividade.

Um espaço de trabalho bem projetado, sem distrações e cercado pelas pessoas certas, promove foco, colaboração e alcance de metas. Para aumentar a produtividade, é preciso tornar o ambiente de trabalho o mais eficiente possível. Isso significa organizar cuidadosamente nossos móveis e ferramentas, de modo que tudo o que precisamos esteja ao nosso alcance. Também queremos criar um ambiente calmo e silencioso, o que pode ser alcançado usando fones de ouvido com cancelamento de ruído, desativando notificações e estabelecendo zonas silenciosas específicas.

No entanto, alcançar esse equilíbrio ideal entre a vida profissional e a pessoal pode ser especialmente desafiador para trabalhadores remotos e contratados independentes, que enfrentam o desafio único de separar seus ambientes de trabalho e pessoais. Para manter o foco durante o horário de trabalho, os trabalhadores independentes podem definir horários específicos, criar um espaço de trabalho dedicado e comunicar sua disponibilidade aos membros da família ou colegas de quarto.

O uso da tecnologia pode agilizar processos, melhorar a comunicação e facilitar a colaboração, contribuindo para o aumento da produtividade. Softwares de gerenciamento de projetos, plataformas de comunicação e ferramentas de automação também podem nos ajudar a manter a organização, reduzir a entrada manual de dados e liberar tempo para atividades estratégicas.

No entanto, é importante encontrar um equilíbrio ao integrar a tecnologia no ambiente de trabalho. A dependência excessiva de ferramentas digitais pode levar à sobrecarga de informações e ao aumento das distrações. Devemos avaliar regularmente nosso uso da tecnologia para garantir que ela esteja alinhada às nossas metas de produtividade. Isso pode incluir organizar arquivos digitais, desativar notificações desnecessárias ou definir horários específicos para checar o e-mail.

A autoavaliação, uma poderosa ferramenta para aumentar a autoconsciência, fornece informações valiosas sobre nossos padrões comportamentais e áreas a serem melhoradas. Ao estabelecer padrões consistentes com resultados mensuráveis, criamos um ambiente favorável ao crescimento e à responsabilidade. Entender as razões por trás de nossas ações é fundamental para promover mudanças duradouras que nos ajudem a alcançar nossos objetivos de longo prazo. Ao reconhecer a conexão entre nossas ações, pensamentos e emoções, podemos mudar nosso foco para ações que nos aproximam de nossos objetivos, evitando distrações com os aspectos mundanos da vida diária.

Nossa produtividade não se resume ao que fazemos ou à nossa eficiência. Ela também diz respeito à forma como lidamos com desafios, aprendemos com nossos erros e continuamos a crescer. Para aqueles que temem o fracasso, enxergar erros e fracassos como oportunidades de aprendizado e crescimento pode reduzir a pressão para serem perfeitos. A autoavaliação oferece essa oportunidade, pois pode ser usada como um método de avaliação pessoal e para obter maior consciência dos gatilhos motivacionais e elementos de distração.

Em resumo, muitas vezes encontramos resistência quando perseguimos nossos sonhos, mas a autoconsciência e as medidas proativas podem ajudar a superá-la. Para sermos produtivos, precisamos de um bom espaço de trabalho, saber usar nossa tecnologia e reservar um tempo para fazer um balanço pessoal. Produtividade não se trata apenas de ser rápido, mas de crescer e melhorar.

Capítulo 9: Superando a Autossabotagem

Estabelecer expectativas realistas e aceitar a imperfeição pode reduzir significativamente a ansiedade ao iniciar ou concluir tarefas. A autoconsciência promove o crescimento pessoal, enquanto as ilusões que criamos muitas vezes resultam em arrependimento. Quando a motivação diminui, é crucial nos reconectarmos com os motivos que nos levaram a estabelecer nossos objetivos. Reconectar-se com as motivações e aspirações intrínsecas que nos inspiraram originalmente pode reacender o interesse e o entusiasmo. Introduzir variedade e novidade em nossas rotinas também pode fazer com que essa faísca se reacenda. Envolver-se em novas atividades ou mudar nossa abordagem das tarefas existentes proporciona uma nova perspectiva e motivação renovada.

Quando essas estratégias não funcionam, é importante reconhecer que a procrastinação pode derivar de fatores psicológicos enraizados em traumas passados, medos, ansiedades e comportamentos de autossabotagem influenciados por crenças ou autoimagem que se manifestam em nossos pensamentos e ações. Confrontar nossos eus idealizados por meio da visualização, criando uma imagem mental de nossas realizações desejadas, permite que nos aprofundemos em nosso subconsciente e reflitamos sobre o que nos impede. Esse processo começa com o reconhecimento de nossas emoções e a aceitação de que elas nos levem à sua fonte. As emoções nos levam às nossas memórias, onde redescobrimos influências esquecidas em nossas escolhas e comportamentos de autossabotagem.

Por exemplo, a forte oposição de uma família às nossas ideias e aos nossos investimentos em empreendimentos atuais pode gerar um medo intenso de rejeição. Esse medo pode nos impedir de sair da zona de conforto ou perseguir metas financeiras mais ambiciosas, mesmo quando sua oposição não tem mais impacto em nossas vidas. Da mesma forma, a rejeição social em tempos de abundância pode nos deixar traumatizados e com medo de enriquecer mais por causa de experiências passadas de insultos e violência. Nossos medos nem sempre têm uma base racional, mas nosso subconsciente não distingue entre ameaças reais e imaginárias. Na verdade, os traumas, medos e ansiedades que carregamos funcionam como defesas naturais do nosso corpo para nos proteger de danos, sejam eles reais ou imaginários.

O medo é um instinto de sobrevivência inato, e aqueles que não o têm muitas vezes encontram o fim da vida de forma infeliz. Por exemplo, tirar selfies de alturas perigosas, andar de motocicleta sem capacete ou dirigir sem considerar os outros na estrada são exemplos de pessoas que desconsideraram seu medo e morreram em consequência. O medo e a ansiedade são aspectos fundamentais do corpo e da mente que garantem a nossa sobrevivência. O corpo não priorizará um sonho sobre sua própria sobrevivência. Portanto, é crucial confrontar e neutralizar nossos medos e ansiedades à medida que perseguimos nossos objetivos.

É igualmente importante considerar como nossos sonhos contribuem para nossa sobrevivência. Muitas pessoas enfrentam dificuldades financeiras e não conseguem realizar seus sonhos por causa de crenças conflitantes sobre sobrevivência. Por exemplo, embora o dinheiro possa melhorar nossas vidas, muitas pessoas têm a crença profunda de que acumular riqueza é egoísta e sobrecarregará as amizades, resultará na perda do respeito dos familiares e até na rejeição por parte da comunidade religiosa. Como resultado, elas priorizam o status social em detrimento das dificuldades financeiras. Em vez de se concentrarem em acumular riqueza, muitos indivíduos valorizam ter uma vida social bem desenvolvida e serem respeitados. Muitas vezes, esses indivíduos se consolam mantendo um trabalho insatisfatório ou miserável, mesmo que não o admitam abertamente.

Embora o desvio das normas sociais do ambiente possa levar ao fracasso, esse fracasso geralmente se deve à autossabotagem e à procrastinação, e não ao infortúnio. A verdade é que, por trás de cada história de alguém que não conseguiu construir um negócio de sucesso, há um indivíduo que priorizou o conforto sobre o trabalho duro e negligenciou seu senso de responsabilidade. Em vez disso, eles se concentraram em sua imagem social e familiar. Eles fizeram isso porque escolheram a acomodação em vez de agir.

Ao afirmarmos que falhamos, muitas vezes enganamos a nós mesmos e aos outros sobre as verdadeiras razões para nossa queda. Isso é especialmente verdadeiro quando consideramos que o verdadeiro fracasso só ocorre quando desistimos. Antes do fracasso, as pessoas muitas vezes buscam justificativas internas ou externas para seus resultados, adoecendo ou fazendo com que os outros mudem suas circunstâncias. Muitas vezes, as pessoas procuram desculpas para desistir, em vez de assumir a responsabilidade por suas ações. Elas querem evitar a autoculpabilização e explicar seus fracassos aos outros sem se sentirem responsáveis. Aceitar a responsabilidade por nossos próprios fracassos significa reconhecer que nos preparamos para eles, e as pessoas não querem isso porque as forçaria a assumir a responsabilidade por seus resultados.

Em resumo, definir expectativas realistas e aceitar as imperfeições pode reduzir a ansiedade e aumentar a motivação. Para nos libertarmos de comportamentos de autossabotagem, precisamos compreender os fatores psicológicos por trás da procrastinação. Traumas e medos do passado podem dificultar nosso progresso, por isso é crucial enfrentá-los e neutralizá-los.

Capítulo 10: Enfrentando a Sabotagem Social e a Dissonância Cognitiva

Não é incomum que as pessoas sabotem seus próprios sucessos e os dos outros para se convencerem de sua própria verdade e evitar a dissonância cognitiva. Lembro-me, por exemplo, de como certos relacionamentos afetaram negativamente minha carreira de escritor. As mulheres com quem namorei acreditavam que eu estava destinado ao fracasso e, para tornar essa crença congruente com a realidade, elas me encorajaram a gastar dinheiro em viagens extravagantes e jantar fora, além de muitas vezes inventarem desculpas para atrapalhar meus planos, dificultando minha capacidade de alcançar meus objetivos.

Esse padrão se estendia aos membros da minha família, que se recusaram a me apoiar quando decidi fazer uma faculdade, depois de ter vivido nas ruas. Mais tarde, eles também se recusaram a me ajudar a iniciar um negócio, negando-me os fundos necessários para comprar uma empresa já bem-sucedida. Até os amigos da época tentaram me convencer de que meus esforços eram fúteis.

Quando eu tirava boas notas, os professores invalidavam os resultados do meu exame, alegando que eu precisava refazê-lo porque muitos alunos haviam falhado. A verdadeira razão era que eu tinha a maior nota e minha personalidade não se encaixava no ideal de um aluno de sucesso. Eu não me enquadrava na ideia que eles tinham de como um cidadão bem-sucedido deveria se comportar ou de como deveria ser a personalidade desse tipo de pessoa. Eu também não tinha histórico que justificasse meus resultados.

As pessoas tentam manter sua visão idealizada do mundo, associada ao status, à hierarquia e à ordem sociais, para evitar o desconforto de estarem erradas sobre tudo em que acreditam ser verdade. Elas preferem sacrificar uma ovelha negra em benefício de todos os outros a aceitar visões desconfortáveis. Ao longo da vida, observei que muitas pessoas farão grandes esforços para garantir nossa queda, especialmente quando o assunto são crenças religiosas.

Muitas vezes, os adeptos religiosos argumentam que a riqueza e a espiritualidade não devem coexistir, que trabalhar duro é um sinal de falta de fé e que se deve confiar exclusivamente em Deus. No entanto, essas ideias são absurdas e implicam que o trabalho duro é inerentemente errado. Consequentemente, eles procuram minar aqueles que desafiam essas crenças por meio de seus estilos de vida, mesmo quando esses indivíduos estão simplesmente reconhecendo e apreciando as bênçãos divinas em suas vidas pelas quais oraram.

Muitas dessas pessoas também tentaram me impedir de ler e escrever, alegando que eu estava fazendo um desserviço à humanidade e que os únicos livros que valiam a pena já haviam sido escritos. Alguns chegaram a sugerir que eu conseguisse um emprego "real" e rejeitaram meus escritos como meras opiniões pessoais, discordando dos meus pontos de vista. Colocaram sua arrogância acima da verdade, suas opiniões acima do meu conhecimento e se recusaram a participar de debates, pois isso os forçaria a admitir seus próprios erros. E, como muitas vezes descobri, eles também discordavam das opiniões de seus próprios fundadores e contradiziam seus próprios livros.

Além dos desentendimentos entre membros de uma religião específica, encontramos ambiguidades em escrituras muito antigas, muitas das quais foram traduzidas de maneira equivocada. Isso significa que podemos obter interpretações conflitantes, dependendo da seção dos livros religiosos que escolhemos analisar e da forma como interpretamos as palavras nessas passagens. Em Mateus 6:24, por exemplo, está escrito: "Ninguém pode servir a dois mestres. Porque não se pode servir a dois senhores: ou se odeia um e ama o outro, ou se dedica a um e despreza o outro. Não se pode servir a Deus e ao dinheiro." Porém, Provérbios 10:22 afirma: "A bênção do Senhor traz riqueza sem trabalho doloroso". E Eclesiastes 5:19 afirma: "Quando Deus dá a alguém riqueza e posses e a capacidade de apreciá-las, de aceitar sua sorte e de ser feliz em sua condição, isso é um presente de Deus".

Infelizmente, a grande maioria das pessoas se recusa a adaptar suas visões de riqueza e, em vez disso, se apega às suas próprias interpretações para evitar admitir seus próprios erros, a vergonha e buscar a conformidade em seus relacionamentos e pontos de vista. Como resultado, discordar de um grupo muitas vezes significa ser condenado ao ostracismo. Quanto mais eu me dedicava ao crescimento e à melhoria pessoal, mais eu perdia amizades e até mesmo o respeito dos membros da família, que começaram a espalhar rumores sobre minha suposta maldade. Esse comportamento decorre do fato de que, quando as pessoas não gostam de você, recorrem à calúnia e à difamação, mesmo que uma vez tenham professado amá-lo. Esse comportamento também pode estar relacionado à inveja e ao ressentimento de seus próprios fracassos.

Em resumo, as pessoas muitas vezes sabotam o sucesso dos outros para manter suas próprias crenças e evitar a dissonância cognitiva. Esse comportamento pode assumir muitas formas, como colocar as pessoas para baixo ou espalhar rumores, e pode ser alimentado por crenças religiosas, nas quais as pessoas podem ignorar ou até mesmo atacar aqueles que discordam delas.

Capítulo 11: Viés Psicológico e seu Efeito na Sociedade

As pessoas são criaturas fundamentalmente emocionais que, muitas vezes, desconsideram tudo o que você fez por elas em favor de suprimir seus sentimentos de inadequação, especialmente se houver arrogância envolvida. Infelizmente, muitas pessoas que encontramos se voltam contra nós assim que alcançamos o que elas nunca fizeram ou desistiram de fazer. Elas se tornam consumidas por sentimentos de inadequação, inferioridade e fracasso.

Esse fenômeno não se limita a indivíduos, mas se estende a grupos e nações. Muitas vezes, as nações saqueiam e colonizam outras por causa de seus recursos. Em vez de olhar para dentro e refletir sobre suas escolhas, a maioria das pessoas projeta suas emoções negativas nos outros, culpando-os por seus sentimentos como se fossem a causa. É por isso que há tanta hostilidade quando alcançamos o sucesso.

As pessoas nunca reconhecem o trabalho duro, os fracassos, os sacrifícios e o sofrimento suportados para alcançar o sucesso. Elas simplesmente acreditam que você não merece o que tem, mas que merecem. Muitas vezes, elas também acreditam que o universo é escasso e limitado, e que tomamos o que foi originalmente destinado a elas, ou que deveriam ter o mesmo sem motivo específico.

A desigualdade social é um problema global que contribui para o crime e a violência, assim como as ideias políticas que empobrecem as nações em nome do bem comum, como o comunismo. Em países como as Filipinas, onde a pobreza é generalizada, emprestar dinheiro muitas vezes leva ao assassinato por aqueles que não têm condições de pagá-lo de volta. No Brasil, os 10% mais ricos detêm mais de 40% da renda nacional, enquanto os 50% mais pobres detêm menos de 10%. Essa desigualdade está intimamente ligada à alta taxa de homicídios do Brasil, que ultrapassou 40 mil vítimas em 2023, uma das maiores do mundo.

Estudos de psicologia social mostram que as pessoas frequentemente culpam fatores externos por seus insucessos. Esse fenômeno, conhecido como preconceito egoísta, pode levar à hostilidade e ao ressentimento em relação às pessoas bem-sucedidas. Por exemplo, uma pesquisa de Miller e Ross (1975) mostrou que as pessoas tendem a assumir o crédito por seus sucessos, mas culpam fatores externos por seus fracassos, o que pode levá-las a projetar emoções negativas para os outros.

Em contraste, um relatório de 2011 do Escritório das Nações Unidas sobre Drogas e Crime (UNODC) descobriu que comunidades seguras promovem uma sensação de bem-estar e segurança, o que pode levar a níveis mais altos de coesão social e produtividade. As pessoas que se sentem seguras são mais propensas a participar de atividades comunitárias e contribuir para a economia local. Além disso, um estudo da Escola de Negócios de Harvard (1999) descobriu que a segurança psicológica no ambiente de trabalho está associada ao aumento da produtividade. Funcionários que se sentem seguros e apoiados são mais propensos a assumir riscos, inovar e colaborar de maneira eficaz.

Por essas razões, a realocação pode impactar significativamente nosso bem-estar e nossa produtividade. Quando a realocação não é uma opção, uma maneira prática de aumentar nossa paz interior é por meio da meditação. A prática regular da meditação treina a mente para se concentrar e reduz distrações. Uma meditação simples envolve sentar em silêncio por alguns minutos, focar na respiração e redirecionar suavemente a mente quando ela se dispersa. Essa prática não apenas acalma a mente, mas também fortalece sua capacidade de se concentrar nas tarefas. Estudos mostraram que mesmo sessões diárias curtas de meditação podem levar a uma melhor atenção e flexibilidade cognitiva, ambas críticas para a produtividade.

Um estudo publicado no periódico Pesquisa em Psiquiatria descobriu que os participantes que meditaram por 10 minutos diariamente durante duas semanas apresentaram melhorias significativas na atenção e na memória. Outro estudo, realizado na Universidade da Carolina do Norte em Charlotte, descobriu que até mesmo breves sessões de meditação de atenção plena podem melhorar a função cognitiva, incluindo a atenção sustentada e a função executiva. No entanto, a observação consciente é um método igualmente eficaz para melhorar o bem-estar mental. Isso envolve reservar um momento para parar e observar o entorno, os pensamentos e as emoções sem julgamento.

Por exemplo, quando sentir vontade de procrastinar, respire fundo algumas vezes e concentre-se nas sensações em seu corpo, nos pensamentos que passam por sua mente e nas emoções que você está sentindo. Essa prática pode ser ainda mais eficaz ao ar livre, como ao sentar-se à beira de um lago, rio ou oceano e sentir a brisa na pele. Ela ajuda a pessoa a se desvincular de impulsos imediatos e a fazer escolhas mais conscientes.

Em resumo, as pessoas muitas vezes projetam suas emoções negativas em personalidades bem-sucedidas, culpando-as por seus próprios fracassos e deficiências. Esse fenômeno, alimentado por preconceito egoísta e uma mentalidade de escassez, gera hostilidade e ressentimento. Felizmente, práticas como a meditação e a observação consciente podem aumentar o bem-estar e a produtividade.

Capítulo 12: Enfrentando a Síndrome do Impostor

A clareza de propósito pode reduzir significativamente os sentimentos de opressão e procrastinação. Por exemplo, em vez de definir uma meta vaga, como "trabalhar no projeto", você pode especificar "terminar o primeiro rascunho da introdução até o meio-dia". Essa especificidade fornece direção e torna a tarefa mais gerenciável. Além disso, ao examinarmos mais de perto nossos gatilhos de procrastinação, fraquezas e momentos de clareza mental reduzida, podemos desenvolver estratégias eficazes para superá-los. Ao identificarmos os horários específicos do dia em que somos menos produtivos, podemos evitar tarefas importantes durante esses horários e, em vez disso, nos envolver em atividades mais fáceis ou recreativas.

Esse senso de responsabilidade, juntamente com a autoavaliação, nos permite agir proativamente em vez de reagir de maneira reativa à procrastinação. Não devemos nos culpar pelos nossos resultados, mas entender como nossos corpos e mentes respondem a eles. Por exemplo, quando chego a um novo país, pode levar algum tempo para encontrar o ambiente de trabalho ideal. Eu não sinto a mesma energia em todos os lugares, e alguns são, sem dúvida, mais propícios à minha produtividade do que outros. Embora eu possa me sentir sobrecarregado e exausto em alguns lugares, posso ser altamente produtivo e focado em outros. Mas, em vez de perder tempo tentando descobrir o motivo, concentro-me em escolher o ambiente certo.

Muitas pessoas gastam uma quantidade excessiva de tempo procurando explicações e se frustram quando não as encontram. Elas acreditam que tudo precisa de um "porquê" e um "como" antes de agir. Como resultado, evitam explorar coisas que não podem explicar aos outros. Elas associam o sucesso à existência de um plano e têm dificuldade em imaginar a vida sem um. No entanto, essa mentalidade cria um caminho previsível que muitas vezes leva ao fracasso. Uma simples mudança de foco pode levar a um maior sucesso.

Elas resistem a mudar sua mentalidade porque isso contradiz um aspecto fundamental de sua personalidade. Seu sistema de crenças está entrelaçado com seu processo de tomada de decisão, e mudar sua mentalidade não apenas prejudicaria o valor de suas decisões passadas, mas também seu senso de autenticidade. Essa resistência é a causa raiz da síndrome do impostor, um padrão psicológico no qual os indivíduos duvidam de suas habilidades, talentos ou competências e temem ser descobertos como uma fraude. Apesar das evidências de competência, eles continuam convencidos de que não merecem suas conquistas, atribuem o sucesso à sorte e não à capacidade e temem ser expostos como incompetentes.

Superar a síndrome do impostor envolve mudar nossos padrões de pensamento, como a necessidade de um plano ou explicação para nossas ações. Quanto menos você sentir a necessidade de justificar suas decisões, pensamentos e resultados, maior a probabilidade de alcançar seus objetivos. Explicar as coisas para os outros faz com que você mude seu foco da busca de oportunidades para a busca de aprovação. Esse alinhamento com os padrões de fracasso ocorre sempre que você sente a necessidade de justificar seus pensamentos e decisões para outras pessoas.

Pessoas bem-sucedidas geralmente têm dificuldade para manter conversas normais com aqueles que não compartilham sua mentalidade. Como resultado, podem perceber que têm menos amigos ou que estão sozinhas em sua jornada para alcançar o sucesso. Geralmente, evitamos as coisas e as pessoas que não entendemos ou sobre as quais não temos controle. Superar os desafios requer superar a dúvida, um inimigo insidioso que sussurra mentiras, impede o progresso e paralisa a ação, enquanto enfrentamos as limitações da compreensão dos outros e como eles usam essas limitações para nos convencer de que estamos errados e eles estão certos.

Os seres humanos são fundamentalmente egocêntricos, egoístas e movidos pela necessidade de aceitação e conforto. Por esse motivo, tendem a racionalizar suas crenças e se conformar com caminhos neurológicos solidificados ao longo dos anos, em vez de mudar. A mudança invalidaria não apenas a si mesmos, mas também todos que os convenceram de que sua maneira de pensar está correta. Na verdade, eles podem reagir violentamente quando confrontados com a verdade que não podem aceitar, pois a percebem como uma afronta ao status quo e uma ameaça à identidade social. Suas explosões violentas são mecanismos de defesa psicológica projetados para protegê-los da loucura, pois temem o que a verdade pode revelar sobre si mesmos e sobre as pessoas em quem confiaram.

Em resumo, entender o propósito por trás de nossas ações e reconhecer os gatilhos que levam à procrastinação são fundamentais para superar a dúvida e alcançar o sucesso. A síndrome do impostor, que decorre da necessidade constante de justificativa e aprovação, pode nos impedir de correr riscos e abraçar novas oportunidades. Para sair desse ciclo, devemos enfrentar nossa dúvida, desafiar as normas sociais e nos concentrar no crescimento pessoal, em vez de buscar validação externa.

Capítulo 13: Superando a Autodúvida por Meio da Introspeção e Aceitação

Ninguém reage mais agressivamente à verdade do que alguém que falhou repetidamente. Aqueles que falham muitas vezes evitam enfrentar seus fracassos, pois eles desencadeiam emoções negativas avassaladoras, das quais se distanciaram cuidadosamente. Essas emoções estão conectadas a memórias enterradas de decepção, traição ou abuso. Pessoas que falharam com muita frequência são oprimidas por memórias que desejam reprimir a todo custo. Elas então fabricam uma identidade em torno da repressão dessas emoções e memórias, visando obter aceitação social.

Ninguém apresenta uma fachada maior para sua verdadeira identidade do que alguém que tem vergonha de seu passado. Esses indivíduos falham não por não terem conhecimento, mas por temerem se revelar para os outros e para si mesmos. A verdade os assusta porque os confronta com suas inadequações e memórias dolorosas. Um único trauma pode definir toda a existência de alguém. Uma vez revelado e superado, no entanto, pode mudar completamente a personalidade de uma pessoa e levá-la por caminhos inesperados.

Pessoas saudáveis são frequentemente inesperadas e imprevisíveis porque podem assumir a responsabilidade por suas escolhas e aceitar seu passado, não importa quão vergonhoso ou traumático ele seja. Por outro lado, as pessoas mais insalubres se tornam extremamente previsíveis por causa de sua incapacidade de mudar e fazer introspeção. Aqueles que negam a responsabilidade muitas vezes não conseguem fazê-lo porque temem as consequências de seus erros e traumas passados. Esse medo os impede de confrontar suas memórias e aceitar as emoções que evocam, o que é necessário para transcender tais memórias e abraçar o futuro com responsabilidade absoluta por suas ações pessoais.

Para alcançar a mudança e superar a dúvida, é necessário enfrentar nossos medos e aceitar o passado. Embora encontrar o terapeuta certo possa acelerar o processo, permitindo-nos confrontar e escolher lembrar as coisas que preferimos esquecer, o resultado terapêutico é irrelevante se ainda não houver vontade de assumir a responsabilidade por nossas vidas, reprogramando nossas mentes e reformando nosso relacionamento conosco. A jornada para as profundezas do nosso subconsciente, onde nossos eus autênticos muitas vezes são enterrados sob camadas de trauma, requer uma decisão consciente para reprogramar nossas mentes e remodelar nosso senso de identidade.

O primeiro passo crítico é identificar a fonte da insegurança. A dúvida não é uma falha inerente, mas um comportamento aprendido, influenciado por pressões externas e pela internalização da negatividade. Embora as opiniões alheias sejam importantes, elas não devem definir nossa autoestima. A validação social, embora tentadora, é passageira e não confiável. A verdadeira autoestima vem da validação interna, ou seja, do reconhecimento de nosso valor e potencial intrínsecos. Alcançar isso requer um compromisso inabalável com o autoaperfeiçoamento.

A conversa interna negativa, caracterizada pela enxurrada constante de comentários críticos, pode ser um obstáculo formidável que reforça a dúvida. É fundamental identificá-la e desafiá-la, substituindo-a por afirmações de força e habilidade. Essa reestruturação cognitiva é necessária para combater a dúvida, pois, embora nossas mentes sejam ferramentas poderosas, elas são facilmente influenciadas por preconceitos negativos e padrões condicionados. Para superar isso, devemos cultivar uma consciência clara de nossos processos de pensamento. Mudar a percepção reduz a ansiedade e promove confiança e clareza.

Você também pode relembrar momentos felizes de sua vida e tentar entender por que eles o fizeram se sentir assim. É provável que você descubra camadas de sofrimento e frustração que minaram sua essência, o levaram por caminhos imprevisíveis e ainda podem influenciar suas percepções e escolhas atuais. É fundamental abraçar o desconhecido em si mesmo e no mundo, bem como aceitar a possibilidade de contratempos, tanto em relação aos outros quanto em relação a si mesmo.

Essa é a essência do perdão. Não se trata de esquecer, mas de reconhecer as limitações alheias e próprias. A oração cristã de perdoar os outros, à medida que pedimos a Deus que nos perdoe, deve ser interpretada como reconhecer as limitações alheias, assim como reconhecemos nossas próprias imperfeições. De fato, o primeiro registro escrito conhecido da Oração do Senhor em grego koiné, a língua do Novo Testamento, encontrado nos Evangelhos de Mateus e Lucas, sugere que a frase é traduzida com mais precisão como "Perdoe-nos as nossas ofensas, pois perdoamos os nossos devedores", o que está mais de acordo com o conceito de imperfeição.

Em resumo, os indivíduos que evitam enfrentar seus fracassos muitas vezes o fazem para suprimir emoções e memórias negativas, criando uma falsa sensação de aceitação social. Para superar de fato a dúvida, no entanto, é preciso identificar sua causa subjacente e desafiar padrões de pensamento negativos. O perdão, não como esquecimento, mas como reconhecimento da imperfeição, é crucial para nos libertarmos da tendência à autossabotagem.

Capítulo 14: O Significado Espiritual do Perdão

Na antiga sociedade grega, o conceito de dívida (ὀφειλήματα - opheilēmata) era de imensa importância, abrangendo não apenas obrigações financeiras, mas também outras responsabilidades morais. Ele abrangia uma ampla gama de deveres morais e sociais, incluindo aqueles com os deuses, a família e a comunidade. A hospitalidade (xenia), por exemplo, era um dever sagrado, e a falha em cumpri-lo poderia ser considerada uma dívida moral. Da mesma forma, as obrigações com os deuses, como sacrifícios e oferendas, eram consideradas dívidas a serem reembolsadas para manter o favor divino.

A Oração do Senhor, escrita pela primeira vez em grego koiné, ilustra esse conceito usando o termo *"ὀφειλήματα"* (dívidas) para incluir tanto obrigações financeiras quanto morais. Nesse contexto, a dívida transcende meras questões financeiras, abrangendo nosso bem-estar moral e espiritual. Essa oração tem o propósito de reunir a coragem necessária para superar os fracassos alheios, reconhecendo nossas próprias deficiências. É uma maneira de nos libertarmos dos fardos do passado e dos ressentimentos que carregamos. Ela serve como um testemunho do poder do trauma sobre nossas mentes e como uma prática destinada a reduzir a influência de nossos ressentimentos em nossa capacidade de tomar decisões eficazes.

Para ilustrar esse conceito, Jesus conta a parábola do servo implacável em Mateus 18:23-35. Nela, um servo que é perdoado por uma grande dívida se recusa a perdoar uma dívida menor que lhe é devida. Essa parábola encapsula o princípio do perdão e a obrigação moral de perdoar os outros como fomos perdoados. Ao pedir perdão pelas dívidas enquanto perdoamos os devedores, reconhecemos a natureza recíproca do perdão e o imperativo moral de estender misericórdia aos outros. Esse princípio sugere que a falta de perdão leva ao carma negativo em nossas vidas, que pode ser superado pelo perdão alheio. Ao reformular nossa visão de nós mesmos e dos outros, podemos superar as limitações impostas por traumas passados e cultivar uma vida de realização e paz.

Além disso, o imperativo cristão de que nossa incapacidade de perdoar a nós mesmos e aos outros pode afetar nossos resultados é verdadeiro sob outras perspectivas. Manter o ressentimento e uma sensação de injustiça pode nos consumir de raiva e levar a ações que comprometem nosso futuro e potencial. Pesquisas sugerem que indivíduos que se debruçam sobre memórias de injustiça e ações negativas de outros muitas vezes têm dificuldade em pensar com clareza e tomar decisões acertadas (Skolnick et al., 2023). Essa turbulência emocional pode criar um ciclo no qual a raiva alimenta a depressão, levando à procrastinação (Maynard et al., 2022; Skolnick et al., 2023).

Essa sabedoria antiga é verdadeira quando reconhecemos que ela está enraizada na percepção de que nosso destino está entrelaçado com nossos maiores desafios cármicos. Embora o livre-arbítrio seja frequentemente associado à capacidade de fazer escolhas, em um contexto espiritual ele é entendido com mais precisão como a capacidade de compreender e aceitar a lei divina. Nesse contexto, o perdão emerge como uma virtude crítica que precede a aceitação e surge de uma compreensão profunda das origens espirituais do nosso sofrimento. Ao reconhecer como os outros influenciam nosso sofrimento, ganhamos simultaneamente uma consciência maior de nossas próprias contribuições.

Além disso, quando percebemos que as pessoas que exerceram uma profunda influência em nossas vidas estão conectadas aos nossos desejos pessoais, podemos começar a entender nossa jornada com mais clareza. Por exemplo, minha família influenciou negativamente meu amor-próprio, minha autoestima e minha autoconfiança, prejudicando minha capacidade de criar um trabalho que combinasse com meus sonhos e com minha criatividade. Professores duvidaram dos meus talentos e independência, alegando que eu estava errado por não concordarem comigo. Vários psicólogos, psiquiatras e figuras religiosas que encontrei questionaram minha integridade moral e intenções por causa de suas visões negativas sobre meus processos de pensamento. Além disso, pessoas de vários países questionaram o valor da minha existência por meio do racismo, do preconceito e de um senso de justiça próprio. Eles julgaram negativamente meu estilo de vida e minha profissão. Se eu tivesse sucumbido a essas energias negativas, não estaria escrevendo este livro nem vivendo a vida que sempre quis.

Estudos mostram que a desvalorização externa pode influenciar significativamente a autopercepção e o raciocínio moral de um indivíduo (Kaygusuz et al., 2023; Mróz et al., 2024). Outras pesquisas sugerem que experiências de discriminação podem levar a sentimentos de ressentimento e raiva, dificultando o crescimento pessoal (DeMarco, 2024; Kaygusuz et al., 2023). Em outras palavras, embora predeterminada no nascimento, minha jornada para me tornar um escritor foi guiada por lições cármicas que tive de aprender. Ignorar tais lições teria resultado em ressentimento, sofrimento e, por fim, no fracasso em alcançar meus sonhos.

Em resumo, o ressentimento pode ser um obstáculo para o crescimento pessoal e a realização de sonhos.

Capítulo 15: Educação Espiritual e Lições Cármicas

Nossos desejos mais profundos estão inextricavelmente ligados ao destino de nossa alma, o que explica por que, quanto mais sofrimento suportamos, maior a probabilidade de sonharmos com nosso verdadeiro destino. A vida não oferece outra opção além de completar um ciclo de carma, o que é acompanhado de educação espiritual por meio de suas lições. Como nossa existência na Terra é breve, essas lições podem parecer repetitivas. No meu caso, por exemplo, tive de aprender a amar a mim mesmo e a confiar em mim, e também tive de me libertar das restrições impostas pelas normas sociais antes de alcançar o sucesso como escritor.

Embora muitas vezes associemos carma ao pecado e à punição, é mais preciso pensar nisso como uma lição autoimposta. Criamos nosso próprio carma por meio de mal-entendidos. Portanto, o autoconhecimento e o perdão são essenciais para quebrar as cadeias mentais que nos prendem às nossas experiências passadas. Devemos transcender o sofrimento que suportamos para criar uma vida melhor, de acordo com nossas aspirações. Sem essa habilidade, caímos na autopiedade e na autojustificação, permitindo que o passado dite nossa existência na Terra e, possivelmente, em reencarnações futuras.

Embora possamos especular sobre as causas da perda do amor-próprio, do discernimento e do medo do ostracismo, quanto maior o nosso potencial, maior a probabilidade de enfrentarmos esses desafios. Dessa forma, reconhecemos que todos nós enfrentamos desafios semelhantes em diferentes níveis espirituais. Por exemplo, escrever um livro é uma tarefa desafiadora e aparentemente intransponível para alguém com um nível cognitivo e espiritual muito baixo, mesmo que essa pessoa dedique toda a vida a essa tarefa, em comparação com alguém com um nível mais alto de consciência. Assim, comparar-se com os outros neste e em outros assuntos cria obstáculos desnecessários e uma sensação de inadequação.

Para indivíduos em um nível espiritual mais baixo, preparar uma refeição nutritiva e praticar a caridade pode ser mais eficaz na acumulação de carma positivo. Vários textos religiosos enfatizam a importância da caridade para ganhar o favor de Deus. No Mahabharata, afirma-se, por exemplo, que "a caridade dada por dever, sem expectativa de retorno, no momento e no lugar apropriados, e a uma pessoa digna, é considerada como bondade". Da mesma forma, a sura Al-Baqarah 2:274 diz: "Aqueles que gastam sua riqueza no caminho de Alá e não a usam para chamar atenção para sua generosidade ou causar danos, sua recompensa é com seu Senhor". Provérbios 19:17 afirma: "Aquele que é gentil com os pobres empresta ao Senhor, e Ele o recompensará por suas ações".

Quando encontramos pessoas que incorporam nossas qualidades desejadas, podemos enfrentar desafios significativos que se manifestam em suas imperfeições, seja por abrigarem inveja ou por não conseguirem tolerar perspectivas diferentes. Essa intolerância decorre de sua visão narcisista e egoísta de si mesmos. Nesse contexto, no entanto, somos lembrados da importância de enxergar as deficiências nos outros como as vemos em nós mesmos, reconhecendo que podemos discernir as boas qualidades das imperfeições, assim como nos aperfeiçoamos apesar de nossas próprias imperfeições.

"Perdoe-nos nossas imperfeições como perdoamos as imperfeições dos outros" seria uma maneira apropriada de parafrasear o conceito de dívida espiritual presente na oração cristã original. Outra maneira de dizer isso seria "Perdoe-nos nossas limitações espirituais ao reconhecermos as limitações espirituais dos outros", o que nos coloca no mesmo nível espiritual que os outros, em vez de em uma hierarquia social. É uma maneira de evitar buscar a perfeição nos outros, mesmo quando nos aperfeiçoamos, apesar das coisas que nos envergonham.

Essa atitude cultiva a humildade e a coragem de perseverar, apesar do sofrimento infligido por outros, que podem dificultar nossa motivação para viver uma vida mais gratificante. Nesse sentido, a forma mais profunda de vingança é perseverar apesar dos obstáculos colocados em nosso caminho e da determinação dos outros em suprimir a expressão de nossa autenticidade espiritual.

Embora faça sentido associar nossas realizações aos desafios impostos por aqueles que tentaram impedir nosso progresso, a relevância do impacto de suas ações é apenas relativa à nossa determinação de ter sucesso.

A autoridade social, uma representação do carma que as pessoas que encontramos em nosso caminho espiritual trouxeram para si mesmas em busca de validação social, é o mesmo carma com o qual chegamos quando nascemos em uma realidade projetada para suprimir a autenticidade espiritual. É aqui, na Terra, que travamos a verdadeira batalha entre o mal, representado pela autoridade, e o bem, associado à nossa centelha divina, que nos impulsiona a buscar uma vida melhor, alimentada por um senso de realização espiritual.

Em resumo, nossos desejos mais profundos estão inextricavelmente ligados ao propósito de nossa alma, e o sofrimento pode catalisar sonhos relacionados ao nosso verdadeiro destino. O carma, como um professor cósmico, gentilmente nos conduz à redenção por meio do perdão e do crescimento espiritual.

Capítulo 16: Cultivando a Autoconfiança por Meio da Independência.

Quando não reconhecemos as influências negativas de nossa educação e nossa tendência de obedecer cegamente às figuras de autoridade, acabamos falhando conosco. Buscar entender o mundo e nosso lugar nele promove a autoconfiança. No entanto, além do conhecimento e da sabedoria, devemos aprender a discernir as crenças que nos capacitam daquelas que nos limitam.

Amar a nós mesmos, ser sábio e estabelecer limites claros nos ajuda a nos cercar de pessoas solidárias que nos encorajam e nos capacitam à medida que crescemos e nos tornamos mais autossuficientes. A autoconfiança é a base da confiança inabalável. Enquanto a inveja e a competição podem levar outras pessoas a recorrer ao engano e dificultar nosso progresso, a evolução espiritual requer quebrar os ciclos cármicos negativos. Isso pode ser feito por meio do autoperdão e do crescimento pessoal. Para promover sentimentos de adequação, competência e confiança, é importante desenvolver hábitos que nos preencham com essas emoções.

Às vezes, assumir um hobby ou jogar videogame pode ser benéfico. O envolvimento em hobbies e videogames tem sido associado a efeitos positivos na saúde mental e no bem-estar. Por exemplo, um estudo de Granic, Lobel e Engels (2014) descobriu que os videogames podem satisfazer necessidades psicológicas básicas, como competência, autonomia e vinculação. O estudo sugere que os videogames podem proporcionar uma sensação de realização, essencial para a felicidade geral e a saúde mental.

Além disso, poucas ferramentas são tão poderosas quanto a arte da visualização na busca pelo crescimento e realização pessoal. Ao aproveitar o imenso potencial de nossas mentes, podemos transcender as limitações de nossas circunstâncias atuais e criar nosso próprio destino. Nossos pensamentos e crenças moldam nossa realidade, e as imagens mentais que temos influenciam significativamente nossas ações, emoções e, por fim, os resultados que experimentamos. Quando nos visualizamos vividamente alcançando nossos objetivos, ativamos vias neurais que preparam nossos cérebros para o sucesso.

A visualização aumenta não só nossa confiança e motivação, mas também nos ajuda a identificar e superar potenciais obstáculos. Ao criar uma imagem mental clara e detalhada de nossos objetivos, despertamos a criatividade e as habilidades de resolução de problemas do nosso subconsciente. Esse processo nos permite antecipar desafios, desenvolver estratégias eficazes e cultivar habilidades e recursos necessários para transformar sonhos em realidade.

Para aproveitar totalmente o poder da visualização, é preciso abordá-la com intenção e consistência. Reserve alguns minutos todos os dias para visualizar vividamente seus objetivos, incluindo detalhes sensoriais e experiências emocionais. Experimente diferentes técnicas, como criar um quadro de visão, escrever descrições detalhadas do seu futuro desejado ou participar de meditações guiadas, para descobrir o que funciona melhor para você. Com um compromisso inabalável e uma compreensão profunda de seu cenário motivacional, você pode manifestar a visão do que sempre quis.

Quando utilizada coletivamente, essa poderosa ferramenta tem o potencial de catalisar mudanças positivas na sociedade. Ao encorajar os outros a visualizar um mundo mais justo, equitativo e sustentável, podemos inspirar a ação coletiva e promover a conscientização necessária para enfrentar desafios urgentes. Imagine um mundo em que líderes, formuladores de políticas e cidadãos usam a visualização para imaginar um futuro de paz, prosperidade e gestão ambiental.

Ao alinhar nossas visões individuais e coletivas, podemos aproveitar o potencial sinérgico de nossas aspirações compartilhadas para superar até mesmo os obstáculos mais formidáveis. No entanto, isso requer navegar pela tensão entre os desejos de nossa alma e as racionalizações de nosso ego.

Impulsionado pelo medo e pela autopreservação, o ego se apega ao familiar e resiste à mudança, enquanto a alma anseia crescer e nos impulsiona a alcançar nosso maior potencial.

Reconhecer e transcender as táticas manipuladoras do ego, como a dúvida e a atração pela gratificação instantânea, é crucial para desbloquear nosso verdadeiro poder. Uma mentalidade fixa percebe talentos como inatos e imutáveis. No entanto, ao reformular pensamentos negativos, praticar gratidão e visualizar o sucesso, é possível cultivar uma estrutura mental mais construtiva e fortalecedora.

Em resumo, a autoconfiança, fomentada pelo amor-próprio, sabedoria e estabelecimento de limites, é fundamental para construir confiança e quebrar ciclos cármicos negativos. Envolver-se em hobbies, praticar a visualização e cultivar hábitos mentais positivos pode nos ajudar a alcançar nossos objetivos e manifestar nossos desejos. Além disso, a visualização coletiva tem o poder de inspirar mudanças sociais, construindo um mundo mais justo, equitativo e sustentável.

Capítulo 17: Domínio Emocional e a Busca dos Sonhos

Nossa compreensão e interpretação do mundo são inerentemente subjetivas, pois filtramos informações por meio de nossas estruturas de conhecimento existentes e padrões emocionais moldados por experiências passadas. Ao reconhecer essa complexidade e buscar ativamente entender diversas perspectivas, é possível enfrentar os desafios da vida com maior empatia e discernimento. Ao abraçar o desconhecido com uma mente aberta e uma paixão pelo aprendizado, acessamos novas dimensões de crescimento pessoal.

A mente e o coração estão inextricavelmente ligados e influenciam um ao outro; portanto, ao aprendermos a entender e regular nossas emoções, ganhamos o poder de fazer escolhas alinhadas com nossos valores fundamentais e aspirações de longo prazo. Identificar e rotular nossas emoções com precisão é um passo crítico para o desenvolvimento do domínio emocional. Além disso, ao explorarmos nosso cenário emocional, desenvolvemos maior resiliência e cultivamos conexões mais significativas com os outros. Isso nos permite aumentar a produtividade, concentrando nossa energia no que realmente importa.

O domínio emocional também aumenta nossa capacidade de gerenciar o estresse e prevenir o esgotamento. Ao reconhecer e abordar nossas necessidades emocionais, reduzimos os sentimentos de opressão e mantemos o equilíbrio e o bem-estar essenciais para um alto desempenho sustentado. Estabelecer hábitos e rotinas diárias que apoiem nosso bem-estar geral é fundamental para alcançar essa estrutura. Ações aparentemente insignificantes, como exercícios regulares, alimentação consciente e meditação consistente, são fundamentais para o sucesso em todos os outros aspectos da vida.

Quando gerenciamos nossas emoções com consciência e compaixão, aproveitamos nossa resiliência e criatividade. Em um mundo que muitas vezes valoriza a lógica e a racionalidade em vez da inteligência emocional, cultivar o domínio emocional funciona como um contrapeso significativo. Ao alinhar a sabedoria do coração com a clareza da mente, alcançamos uma compreensão mais profunda, o que nos permite tomar decisões mais eficazes.

As emoções podem ser gerenciadas por meio de ações intencionais, que, em última análise, são influenciadas por nossas crenças. Ao escolher conscientemente uma mentalidade positiva, alimentada pelo otimismo, criamos oportunidades de felicidade e sucesso. Essa influência determinística molda nossas experiências e leva a uma consciência mais elevada. Apesar das barreiras à compreensão que podemos encontrar ao longo do caminho, a humildade para reconhecer essas limitações nos permite abordar o desconhecido com admiração e abertura, em vez de nos apegarmos a noções preconcebidas que podem dificultar nosso crescimento.

Essa humildade é essencial para a realização de nossos sonhos, pois, quando combinados com experiências emocionais intensas, os sonhos possuem uma energia que transcende os limites do pensamento lógico. Os sonhos não são apenas reflexos passivos do nosso subconsciente, mas sim catalisadores de mudanças transformadoras. Sonhos alimentados pela paixão e intensidade emocional podem servir como canais poderosos para a autorrealização, empurrando-nos além de nossas zonas de conforto e revelando novas dimensões de nossa existência que anteriormente estavam escondidas de nossa consciência.

Ao abraçar o poder transformador dos sonhos, podemos explorar mais profundamente nossa consciência e compreender a existência em diferentes níveis. Nesse reino, o mundo físico tangível se torna uma interpretação subjetiva de uma realidade espiritual mais ampla. Ao transcender para o desconhecido, encontramos uma manifestação mais vívida das forças benevolentes e malévolas que moldam nossas vidas e nos desafiam a enfrentá-las com maior consciência. Essa consciência elevada nos permite transcender as limitações do tempo e do espaço e compreender a interconexão de todas as coisas.

Para aqueles que aceitam essa perspectiva, as distinções entre passado, presente e futuro se tornam inexistentes, e as construções que guiam nossa existência se transformam em portais para novos reinos de compreensão. Ao perceber o tempo como um continuum fluido, e não como uma sequência rígida, é possível acessar insights que antes pareciam inalcançáveis. Essa mudança de percepção nos incentiva a enxergar nossas experiências não como eventos isolados, mas como fios entrelaçados no tecido de nossas vidas. Essa interconexão promove um senso de unidade e propósito, permitindo-nos enxergar padrões maiores que influenciam nossa jornada. Ao reconhecer esses padrões, ganhamos a capacidade de navegar pelas complexidades da vida com maior facilidade e clareza.

Em resumo, o domínio emocional, alcançado por meio da autoconsciência e da ação intencional, é fundamental para o crescimento e o sucesso pessoal. Ao alinhar emoções, valores e sonhos, é possível liberar criatividade, resiliência e uma compreensão mais profunda do mundo. Essa consciência elevada transcende o tempo e o espaço, revelando a interconexão e a unidade de todas as coisas.

Capítulo 18: Superando o Ego e Aceitando a Verdade

Todos os aspectos de nossas vidas refletem nosso eu interior. O mundo externo que percebemos não é uma realidade fixa, mas um composto de acordos coletivos, pensamentos e crenças. Portanto, para promover uma mudança duradoura, é necessário um profundo comprometimento com a transformação pessoal. Aceitar o desconhecido e o potencial de um futuro hipotético é parte crucial desse processo. Muitas empresas bem-sucedidas surgiram de contratempos, mas oportunidades negligenciadas por outros precisamente porque os indivíduos em posições de liderança ousaram trilhar caminhos não convencionais e desafiar a sabedoria convencional.

No entanto, a mente humana, muitas vezes limitada por sua percepção linear do tempo e da sequência, tem dificuldade em compreender completamente a natureza multidimensional da realidade. Essa limitação pode levar a uma perspectiva estreita, que prende os indivíduos a um ciclo de complacência e os impede de enxergar seu verdadeiro potencial. Para superá-la, é necessária uma mudança fundamental na mentalidade, que vai da visão de escassez à mentalidade de abundância.

Em vez de ficarmos paralisados pela dúvida e pela crença de que os recursos são finitos, devemos reconhecer o potencial ilimitado dentro de nós mesmos e do universo que nos inspira a agir com coragem e inspiração. Devemos estar abertos a deixar de lado formas desatualizadas de pensar e aceitar novas perspectivas à medida que deixamos de lado as limitações do passado e abraçamos o potencial ilimitado do momento presente.

Diante da incerteza, descobrimos oportunidades de evolução e a possibilidade de realizar todo o nosso potencial. Ao enfrentarmos nossos medos, inseguranças e sombras, desbloqueamos as chaves para a transformação pessoal. É no cadinho do desconforto que construímos resiliência e clareza para transcender nossas limitações. Além disso, à medida que ampliamos nossa compreensão do propósito da vida, nossas perguntas se tornam menos relevantes. Ao abraçar o mistério e a grandeza da existência, alcançamos a verdadeira liberdade de criar, amar e viver com autenticidade.

Essa atitude transcende uma perspectiva positiva; é uma crença profunda na benevolência inerente do universo e na orquestração divina de nossos sonhos e aspirações. Ela incorpora a percepção de que, como nossa existência transcende o reino físico e continua sua jornada além deste mundo, não somos meros produtos de nossas circunstâncias, mas vasos para a centelha divina que anima o universo.

Ignorar as verdades históricas e transcendentes não é desculpa para evitarmos nossas responsabilidades espirituais. Eventos históricos demonstram que a humanidade muitas vezes enfrenta seus medos mais profundos, apesar das tentativas de ignorá-los ou reprimi-los. No entanto, o silêncio de muitos sobre esses ciclos apenas perpetua a confusão e o conflito. A verdadeira cegueira é um estado no qual os indivíduos não conseguem enxergar além de suas crenças e suposições profundamente arraigadas.

Essa percepção limitada dificulta o crescimento espiritual e prende as pessoas em ciclos de ignorância e repetição dos mesmos erros. Na verdade, muitas pessoas tendem a se tornar tão apegadas aos seus egos que desconsideram a verdade e desejam secretamente o fracasso, o infortúnio ou até mesmo a morte daqueles que ostracizam para se validarem. Essa mentalidade, orientada pelo ego, cria um ambiente que impede a autenticidade espiritual e o progresso em nosso planeta.

Podemos ver isso ao nosso redor, pois comunicar verdades mais profundas a alguém que está fixado em crenças e dogmas pessoais pode ser desafiador, pois essa pessoa pode rejeitar ou minar os esforços daqueles que tentam iluminá-la. Essas pessoas raramente mudam e, se forçadas a coexistir com alguém mais sábio, podem recorrer à calúnia e tentar banir essa pessoa de seu ambiente. Isso pode envolver medidas extremas, como prisão ou até mesmo assassinato. Essa resistência ao crescimento e à mudança muitas vezes decorre de medos e inseguranças profundos. No entanto, apesar dos muitos interesses em jogo, o destino é uma questão de autodeterminação, e não há carma sem consentimento e propósito. Assim, a busca pelos nossos sonhos requer não apenas uma visão e o conhecimento de como alcançá-los, mas também a coragem de agir em conformidade.

Apenas os tolos, movidos pela ignorância, normalmente tiram conclusões irrealistas do que não compreendem para justificar sua existência. A sabedoria está na humildade e no reconhecimento das limitações de alguém, sem, no entanto, sucumbir a elas. Verdades indiscutíveis permanecem indescritíveis, a menos que expandamos nossa consciência. No entanto, a educação, às vezes, pode nos enganar, levando-nos a acreditar em falsas verdades e desviando nossa atenção para o caos. Por essa razão, muitos se apegam a falsos padrões de sobrevivência, que estão longe da verdade. Esses padrões, muitas vezes inquestionáveis, impedem o crescimento e a verdadeira compreensão.

Em resumo, a transformação pessoal envolve cultivar uma mentalidade de abundância, enfrentar nossos medos e descartar crenças desatualizadas que não nos servem mais. Ao expandir nossa consciência e buscar a verdade além das normas sociais, podemos nos libertar de padrões limitantes e abraçar nosso eu autêntico e nosso verdadeiro propósito.

Capítulo 19: O Propósito Universal

Todos nós fazemos parte do mesmo propósito universal, avançando em sua direção de maneiras diferentes. Esse propósito prospera em emoções positivas e amorosas e, em última análise, nos leva à iluminação por meio do autoconhecimento e das ações responsáveis tomadas ao longo do caminho. Embora estejamos constantemente procurando por essa verdade sem nunca compreendê-la completamente, se ela estivesse dentro de nós, nossos dilemas pareceriam meras ilusões. Portanto, é mais sensato focar em nossos objetivos, sem nos preocuparmos com como alcançá-los. Muitas vezes, conquistas notáveis na vida vêm inesperadamente e desafiam a lógica convencional.

Muitas vezes nos apegamos ao que percebemos como nosso e nos definimos por isso, mas julgar a nós mesmos e aos outros com base em suposições enraizadas em instintos primitivos e moldadas por experiências passadas limita nosso potencial como seres humanos e diminui o valor de nossas experiências de vida. Quando as ilusões são expostas, a mente imatura e dogmática muitas vezes recorre ao ceticismo. Assim como o amor parece irreal para aqueles que nunca o experimentaram, a confiança não tem significado para aqueles que só conheceram a traição, e a luz da verdade não consegue encantar aqueles que são fascinados pela escuridão de seus pensamentos internos.

Para muitos, o autoengano reconfortante é tudo o que eles têm, e o significado que atribuem a ele é tudo o que podem compreender. As pessoas existem em diferentes níveis de consciência, que se manifestam em suas ações, pensamentos, fala, emoções, reações e desejos. Para crescer além de um certo nível espiritual, no entanto, devemos nos comprometer a estudar, desenvolver, aplicar e alcançar resultados tangíveis que expandam nossa consciência da vida. Especialmente em tempos difíceis, é crucial intensificar os esforços para estudar e trabalhar diligentemente.

Embora muitas pessoas acreditem ter uma compreensão completa da realidade, uma investigação mais profunda revela crenças enraizadas no ego e ilusões coletivas, formadas por crenças e percepções compartilhadas que não são questionadas. Essa ilusão coletiva só é objetiva quando universalmente aceita. Ela não resiste ao teste do tempo. No entanto, uma mentira coletiva pode, de fato, sustentar uma realidade por um determinado período, desafiando a lógica e o bom senso, como vimos ao longo da história humana.

O segredo mais profundo escondido do público também é o mais óbvio: as crenças moldam nossa realidade. Quando falhamos em agir conscientemente por causa de nossas crenças, sucumbimos à realidade imposta pelos outros. Ao se recusarem a reconhecer a realidade imposta a elas e buscarem um significado mais profundo em delírios coletivos, as pessoas confiam na sorte para obter resultados e esperam que as coisas aconteçam por acaso. Elas se rendem completamente a essa realidade, confundindo-a com uma ordem divina.

No meio desses indivíduos, o verdadeiro brilho de uma pessoa bem-sucedida se manifesta em sua abordagem à vida. O que alguns percebem como gênio ou sorte é, na verdade, o resultado de esforço persistente, reflexão profunda e sabedoria convencional. A dedicação à pesquisa e ao aprendizado aprofundado distingue esses indivíduos dos demais. Ao reconhecerem a natureza cíclica da experiência humana e a importância da humildade, eles transcendem percepções limitadas e contribuem para a evolução coletiva da humanidade. Por meio do compromisso inabalável, da introspecção e da coragem de desafiar as normas convencionais, também nós podemos construir uma vida com propósito e impacto duradouro.

Ao cultivar uma consciência superior e questionar suposições que aceitamos como verdades, abrimos espaço para resultados imprevisíveis. Dúvidas e incertezas podem surgir ao longo do caminho, mas, ao perseverar, construímos resiliência e força para superar obstáculos e alcançar nossos objetivos. Para nos libertarmos dos ciclos negativos, no entanto, devemos reconhecer nossas limitações e imperfeições, assim como as dos outros. O perdão, a confiança e o domínio emocional podem nos impulsionar para frente e nos ajudar a superar obstáculos que antes pareciam intransponíveis.

Ao enfrentarmos padrões de pensamento negativos e tomarmos medidas decisivas, podemos gradualmente silenciar a voz da dúvida e cultivar a autoconfiança. Esse compromisso com a aprendizagem, aliado à humildade, nos permite superar limitações e alcançar o sucesso em todas as áreas.

Em resumo, a humanidade está em um caminho para a iluminação, guiada por um propósito universal que exige autoconhecimento e ação responsável. Enquanto alguns se apegam ao autoengano e à ilusão coletiva, outros transcendem essas limitações e buscam uma consciência superior. Ao desafiar as normas sociais e se dedicar à introspeção, esses indivíduos se libertam de ciclos negativos e alcançam uma consciência que os leva ao sucesso. Essas pessoas são as que a humanidade precisa para evoluir e alcançar os níveis mais altos, estando limitada apenas pela imaginação.

Capítulo 20: Dominando a Arte da Produtividade

Abaixo, estão listados os 10 princípios-chave que resumem os ensinamentos sobre como superar a procrastinação. Ao incorporá-los à sua vida diária, você pode aumentar significativamente sua produtividade e alcançar seus objetivos de maneira mais eficaz.

1. Alinhe suas ações com seus valores fundamentais: A verdadeira motivação vem de viver em alinhamento com seus valores e sonhos essenciais. Quando seus objetivos estão alinhados com suas crenças, você naturalmente sente o impulso de alcançá-los.

2. Abrace a autonomia e o domínio: Cultivar um senso de autonomia e controle sobre sua vida é essencial. A autonomia impulsiona a motivação, enquanto o domínio envolve um processo contínuo de crescimento e aprendizado. Juntos, autonomia e domínio criam uma força poderosa para o desenvolvimento pessoal.

3. Divida as tarefas em etapas gerenciáveis: Tarefas grandes podem parecer esmagadoras e levar à procrastinação. Ao dividi-las em etapas menores e alcançáveis, você pode criar impulso e tornar o progresso mais factível.

4. Crie um ambiente de apoio: Cerque-se de pessoas solidárias e mantenha o espaço de trabalho livre de distrações. Um ambiente propício aumenta o foco e a motivação, preparando o terreno para o sucesso.

5. Mantenha-se focado: Estabeleça prazos e priorize tarefas. Use prazos de forma eficaz: em vez de vê-los como fonte de estresse, use-os para criar urgência e priorizar tarefas. Quando abordados com a mentalidade certa, os prazos podem se tornar poderosos motivadores.

6. Controle suas emoções: A regulação emocional é fundamental para a produtividade. Isso ajuda você a tomar decisões inteligentes e a se manter motivado, mesmo em situações desafiadoras.

7. Desafie a conversa interna negativa: A procrastinação é frequentemente causada por dúvidas e pensamentos negativos. Desafie ativamente esses pensamentos e os substitua por afirmações de suas habilidades e pontos fortes, a fim de construir confiança.

8. Comemore pequenas vitórias: Reconheça e celebre pequenos triunfos ao longo do caminho. Isso cria confiança e reforça o comportamento positivo, criando um ciclo de recompensa que incentiva novas ações.

9. Use a visualização: A visualização envolve ensaiar mentalmente os resultados desejados e as etapas necessárias para alcançá-los. Essa técnica poderosa pode aumentar a motivação e prepará-lo para o sucesso, preparando sua mente para as tarefas que estão por vir.

10. Perdoe e siga em frente: Pratique o autoperdão e aceite que você e os outros são imperfeitos. Ao se libertar de padrões e ciclos de pensamento negativos, você pode desbloquear todo o seu potencial e crescer como pessoa.

Além desses princípios, o livro enfatiza um conjunto abrangente de habilidades que, quando desenvolvidas e praticadas, podem aumentar significativamente a produtividade e ajudar a superar a procrastinação.

Introspeção: Compreensão de motivações pessoais, gatilhos e padrões de procrastinação.

Regulação: Gerenciamento efetivo das emoções para manter a motivação, a produtividade e a resiliência.

Planejamento: Estabelecimento de metas claras, específicas, alcançáveis, relevantes e com limite de tempo para fornecer direção e propósito.

Priorização: Implementação de técnicas e ferramentas de produtividade para melhorar o gerenciamento do tempo e focar em tarefas de alta prioridade.

Disciplina: Cultivo de hábitos e rotinas consistentes que apoiem objetivos de longo prazo e promovam o autocontrole.

Visualização: Ensaio mental dos resultados desejados e das etapas necessárias para alcançá-los, aumentando a motivação e a preparação.

Flexibilidade: Aprender com os contratempos e ajustar as estratégias conforme necessário para superar os desafios.

Otimismo: Manter uma atitude positiva, praticar a autocompaixão e reformular pensamentos negativos para manter uma perspectiva positiva.

Comunicação: Desenvolver e manter relacionamentos de apoio que forneçam motivação, responsabilidade e incentivo.

Foco: Envolver-se na consciência e reflexão do momento presente para aumentar o foco, a clareza e o bem-estar emocional.

Ao dominar esses princípios e habilidades, você estará bem equipado para superar a procrastinação e alcançar seus objetivos com maior eficiência e satisfação.

Capítulo 21: Dez Perguntas Diárias para Motivação e Disciplina.

A seguir, estão dez perguntas diárias para ajudá-lo a se manter motivado, disciplinado e livre de procrastinação, com base nos princípios deste livro.

1. Suas ações atuais estão alinhadas com seus valores fundamentais e objetivos de longo prazo? Refletir sobre essa pergunta garante que suas atividades diárias estejam alinhadas com o que é realmente importante para você, o que promove a motivação intrínseca.

2. Você está tomando medidas hoje para cultivar o seu senso de autonomia e domínio? Considere se você está se envolvendo em atividades de capacitação que promovam o seu crescimento pessoal, o que é essencial para manter a motivação.

3. Você dividiu suas tarefas em etapas gerenciáveis? Avalie se você dividiu projetos maiores em tarefas menores e passíveis de

execução, evitando assim a sensação de sobrecarga e aumentando sua produtividade.

4. O seu ambiente de trabalho é solidário e produtivo? Avalie se o ambiente, incluindo as pessoas com quem você interage, ajuda ou dificulta o seu foco e a sua motivação.

5. Você usa prazos de forma eficaz para criar urgência e priorizar suas tarefas? Reflita sobre como você percebe os prazos: eles causam estresse ou servem de motivação? Ajuste sua mentalidade de acordo.

6. Como você está gerenciando suas emoções atualmente? Considere se você está no controle de suas reações emocionais e se elas estão ajudando ou dificultando sua produtividade.

7. Que conversa interna negativa você tem e como pode desafiá-la? Identifique quaisquer dúvidas ou pensamentos negativos e os substitua ativamente por afirmações que reforcem seus pontos fortes.

8. Você comemorou alguma pequena vitória hoje? Reconheça suas realizações, não importa quão pequenas, para construir confiança e criar um ciclo de feedback positivo que incentive novas ações.

9. Você utiliza técnicas de visualização para se preparar para suas tarefas? Considere ensaiar mentalmente os resultados desejados e as etapas necessárias para alcançá-los, pois isso pode aumentar sua motivação.

10. Você praticou o autoaperfeiçoamento hoje? Considere se você está deixando de lado erros e imperfeições do passado, o que é

essencial para o crescimento pessoal e para alcançar todo o seu potencial.

Fazer essas perguntas a si mesmo regularmente pode ajudá-lo a manter o foco em seus objetivos, aumentar sua produtividade e superar efetivamente a procrastinação. Essa prática incentiva a autorreflexão e mudanças proativas em seus hábitos diários, levando, em última análise, a um maior sucesso e realização em sua vida pessoal e profissional.

Glossário

Antecipação: Funciona como um motivador e melhorador de desempenho poderoso, semelhante a ter um roteiro mental que garante a conclusão eficaz das tarefas.

Autocontrole: É a capacidade de regular impulsos, emoções e comportamentos. Ele serve como base para o crescimento pessoal e para o alcance de metas.

Domínio emocional: Envolve compreender e administrar as próprias emoções. Isso facilita a tomada de decisões informadas, aumenta a produtividade e contribui para o bem-estar geral.

Gamificação: Transforma tarefas comuns em jogos envolventes, usando recompensas e desafios para manter a motivação e o engajamento.

Loop de recompensa: É um padrão de comportamento que molda nossas ações. O reforço positivo, por meio de recompensas, nos incentiva a repeti-lo. Esse princípio fundamenta a eficácia da gamificação e de outras estratégias motivacionais.

Mentalidade de Crescimento: É a crença de que as habilidades podem ser desenvolvidas por meio de trabalho árduo e dedicação.

Essa mentalidade é uma ferramenta poderosa para superar obstáculos e alcançar objetivos.

Microetapas: São pequenas ações consistentes que criam impulso e reduzem o sentimento avassalador associado a grandes tarefas.

Momentum: Semelhante a uma pedra que rola ladeira abaixo, ele impulsiona os indivíduos para a frente com cada ação bem-sucedida e proposital.

Motivação: Leva os indivíduos a agir e concluir tarefas. Ela é derivada de uma variedade de fatores, incluindo valores pessoais, objetivos, estados emocionais e influências externas. Entender e alinhar ações com esses fatores motivacionais é fundamental para superar a procrastinação e alcançar metas.

Prazos: Eles atuam como restrições de tempo, fornecendo foco e orientando o progresso. Criam um senso de urgência e nos ajudam a definir prioridades.

Procrastinação: Consiste em adiar ou evitar uma tarefa ou responsabilidade. Muitas vezes, ela resulta de falta de motivação, autocontrole ou gerenciamento ineficaz do tempo. Para combatê-la efetivamente, é importante identificar e abordar suas causas subjacentes.

Produtividade Proposital: Consiste em concluir tarefas e hábitos diários de maneira alinhada aos valores e objetivos de cada pessoa. Esse senso de propósito fornece a motivação necessária para perseverar e promove uma sensação de realização.

Síndrome do Impostor: Ocorre quando os indivíduos, apesar das evidências de suas habilidades, experimentam uma sensação de inadequação.

Visualização: Consiste em criar uma imagem mental e ensaiar os resultados desejados. Ela ajuda a desenvolver habilidades ao criar uma representação mental do que se deseja alcançar. A visualização é uma ferramenta poderosa para superar a procrastinação e alcançar objetivos.

Referências

Aafjes-Doorn, K., Garay, C., Etchebarne, I., Kamsteeg, C., & Rousso, A. (2020). Psychotherapy for personal growth: A multicultural and multitheoretical exploration. *Journal of Clinical Psychology*.

Abdel-Khalik, A., Adam, S., & Azeem, H. A. (2021). Developing strategies for overcoming challenges faced by postgraduate nursing students. *Journal of Advanced Nursing, 77*(12), 737–750.

Adrianson, L., Ancok, D., Ramdhani, N., & Archer, T. (2013). Cultural influences upon health, affect, self-esteem and impulsiveness: An Indonesian-Swedish comparison. *International Journal of Research Studies in Psychology, 2*(2), 25–44.

Al-Mansoori, R. S., Al-Thani, D., & Ali, R. (2023). Designing for digital wellbeing: From theory to practice a scoping review. *Human Behavior and Emerging Technologies*.

Aschieri, F., Emmerik, A. V., Wibbelink, C. J. M., & Kamphuis, J. (2023). A systematic research review of collaborative assessment methods. *Psychotherapy*.

Bandyopadhyay, N. (2016). The role of self-esteem, negative affect and normative influence in impulse buying. *Marketing Intelligence & Planning, 34*(4), 523–539.

Basabe, N., Harizmendi, M., Carrasco, J. J. P., Telletxea, S., Castro-Abril, P., & Padoan, S. (2021). Collective violence and construction of peace culture in the Basque Country: Two experiences of memory, recognition and forgiveness. *Deusto Journal of Human Rights*.

Bast, D., & Barnes-Holmes, D. (2015a). Priming thoughts of failing versus succeeding and performance on the implicit relational assessment procedure (IRAP) as a measure of self-forgiveness. *The Psychological Record, 65*(4), 667–678.

Bast, D., & Barnes-Holmes, D. (2015b). Priming thoughts of failing versus succeeding and performance on the implicit relational assessment procedure (IRAP) as a measure of self-forgiveness. *The Psychological Record, 65*(4), 667–678.

Bernal-Guerrero, A., Cárdenas-Gutiérrez, A. R., & Martín-Gutiérrez, Á. (2023). Systemic approach to entrepreneurial identity and its educational projection. *Philosophies*.

Blom, V., Richter, A., Hallsten, L., & Svedberg, P. (2015). The associations between job insecurity, depressive symptoms and burnout: The role of performance-based self-esteem. *Economic and Industrial Democracy, 39*(1), 48–63.

Brown, J. D. (2010). High self-esteem buffers negative feedback: Once more with feeling. *Cognition and Emotion, 24*(8), 1389–1404.

Bryngeirsdottir, H. S., & Halldórsdóttir, S. (2022a). Fourteen main obstacles on the journey to post-traumatic growth as experienced by female survivors of intimate partner violence: "It was all so confusing." *International Journal of Environmental Research and Public Health, 19*(1).

Bryngeirsdottir, H. S., & Halldórsdóttir, S. (2022b). "I'm a winner, not a victim": The facilitating factors of post-traumatic growth among women who have suffered intimate partner violence. *International Journal of Environmental Research and Public Health, 19*(1).

Buitrago, M. F., Jara, L. M. M., Pérez, N. D. V., & García, N. G. (2023). Adaptation strategies in students with motor functional diversity. *Investigación y Educación En Enfermería, 41*(1).

Burton, J. P., Mitchell, T., & Lee, T. W. (2005). The role of self-esteem and social influences in aggressive reactions to interactional injustice. *Journal of Business and Psychology, 20*(2), 131–170.

Calvo, V., & Bianco, F. (2015). Influence of adult attachment insecurities on parenting self-esteem: The mediating role of dyadic adjustment. *Frontiers in Psychology, 6.*

Cameron, J. J., Stinson, D. A., Hoplock, L., Hole, C., & Schellenberg, J. (2016). The robust self-esteem proxy: Impressions of self-esteem inform judgments of personality and social value. *Self and Identity, 15*(5), 561–578.

Cavallo, J. V., & Hirniak, A. (2019). No assistance desired: How perceptions of others' self-esteem affect support-seeking. *Social Psychological and Personality Science, 10*(2), 193–200.

Chavez, F. L. C., Wolford, S. N., Kimmes, J. G., May, R., & Fincham, F. (2019). "I had let everyone, including myself, down": Illuminating the self-forgiveness process among female college students. *Journal of College and Character, 20*(2), 123–143.

Ćirjaković, D. S. (2024). Words that heal – Bibliotherapy for children's emotional and social growth. *Detinjstvo.*

Cowden, R., & Worthington, E. (2019). Overcoming failure in sport: A self-forgiveness framework. *Journal of Human Sport and Exercise.*

Cunff, A.-L. L. (2019). Mindframing: A proposed framework for personal growth.

DeMarco, M. J. (2024). 6-Fold path to self-forgiveness: An interdisciplinary model for the treatment of moral injury with intervention strategies for clinicians. *Frontiers in Psychology, 15.*

Duru, E., Balkıs, M., & Duru, S. (2023). Procrastination among adults: The role of self-doubt, fear of the negative evaluation, and irrational/rational beliefs. *Journal of Evidence-Based Psychotherapies.*

Erzar, T. (2018). Self-perceived victimhood and forgiveness in different generations of the right and left political group in Slovenia.

Gál, É., Tóth-Király, I., Szamosközi, I., & Orosz, G. (2020). Fixed intelligence mindset moderates the impact of adverse academic experiences on students' self-esteem. *Journal of College Student Retention, 24*(6), 1028–1053.

Gao, Y. (2024). Comparison of compulsory education between China and Britain. *Lecture Notes in Education Psychology and Public Media*.

Geraci, A. (2023). Teachers' emotional intelligence, burnout, work engagement, and self-efficacy during COVID-19 lockdown. *Behavioral Science, 13*.

Gilbert, P., & Woodyatt, L. (2017). An evolutionary approach to shame-based self-criticism, self-forgiveness, and compassion. In *The handbook of self-enhancement and self-protection* (pp. 29–41). Guilford Press.

Gilbey, D., Perry, Y., Lin, A., & Ohan, J. (2022). "Shame, doubt and sadness": A qualitative investigation of the experience of self-stigma in adolescents with diverse sexual orientations. *Youth*.

Gold, R., & Gold, A. (2023). "Am I a good enough therapist": Self-doubt among speech and language therapists. *International Journal of Language and Communication Disorders*.

Goodwyn, A. (2018). From personal growth (1966) to personal growth and social agency (2016) – proposing an invigorated model for the 21st century. *The Future of English Teaching Worldwide.*

Han, K. (2023). The role of the prison library. International Journal of Education and Humanities.

Hindmarch, L. (2008). An exploration of the experience of self-doubt in the coaching context and the strategies adopted by coaches to overcome it. *International Journal of Evidence Based Coaching and Mentoring, 6*(2), 1–13.

Hlava, P., Elfers, J., Bieber, J., Maitra, S., Burge, C., Howard, A., Carbajal, R., Jamieson, M., & Casey, A. (2024). Reorienting through the body: The correlation among self-transcendent emotion experiences and interoceptive awareness. *Journal of Humanistic Psychology.*

Ilies, R., Pater, I. D., & Judge, T. (2007). Differential affective reactions to negative and positive feedback, and the role of self-esteem. *Journal of Managerial Psychology, 22*(6), 590–609.

Kaygusuz, R., Tolan, Ö. Ç., & Aydoğdu, B. E. (2023). Mediating role of self-reflection and insight in the relationship between forgiveness and Gestalt contact disturbances. *Anadolu Üniversitesi Eğitim Fakültesi Dergisi.*

Kielkiewicz, K., Mathúna, C. Ó., & McLaughlin, C. (2019). Construct validity and dimensionality of the Rosenberg self-esteem scale and its association with spiritual values within Irish population. *Journal of Religion and Health, 59*(3), 381–398.

Kim, H. K. (2014). Overcoming resistance to health persuasion: Strategies to reduce self-defense motives.

Kita, Y., & Inoue, Y. (2017). The direct/indirect association of ADHD/ODD symptoms with self-esteem, self-perception, and depression in early adolescents. *Frontiers in Psychiatry, 8.*

Kocollari, U., Cavicchioli, M., & Demaria, F. (2023). The 5 E(lements) of employee-centric corporate social responsibility and their stimulus on happiness at work: An empirical investigation. *Corporate Social Responsibility and Environmental Management.*

Kolbina, L., Kasianenko, O., Sopivnyk, I., Karskanova, S., & Chepka, O. (2023). The role of inclusive education in the personal growth of a child with special educational needs. *Revista Amazonia Investiga.*

Kostromina, S., & Makarova, M. (2023). Quasi-development as an illusion of personal growth. *Changing Societies & Personalities.*

Lee, E., Choi, T. R., & Lee, T. (2023). The mediating role of forgiveness and self-efficacy in the relationship between childhood maltreatment and treatment motivation among Malaysian male drug addicts. *Frontiers in Psychology, 13.*

Miranti, M., & Karmiyati, D. (2024). Strategies for overcoming Cinderella complex syndrome in adolescent girls. *Vitamin: Jurnal Ilmu Kesehatan Umum.*

Mróz, J., Toussaint, L. L., & Kaleta, K. (2024). Association between religiosity and forgiveness: Testing a moderated mediation model of self-compassion and adverse childhood experiences. *Religions*.

Neiss, M. B., Stevenson, J., Legrand, L., Iacono, W., & Sedikides, C. (2009). Self-esteem, negative emotionality, and depression as a common temperamental core: A study of mid-adolescent twin girls. *Journal of Personality, 77*(2), 327–346.

Neiss, M. B., Stevenson, J., Sedikides, C., Kumashiro, M., Finkel, E., & Rusbult, C. (2005). Executive self, self-esteem, and negative affectivity: Relations at the phenotypic and genotypic level.

Nyuiemedi, A. E.-T., & Richardson, A.-M. (2024). Surviving child labour through forgiveness and self-efficacy: Implications for counselling practice. *International Journal of Psychology and Counselling*.

Oktriani, D. R., Hufad, A., & Utami, N. (2023). Overcoming the character crisis in children: Strategies, outcomes, and evaluations of Bina desa program. *Utamax Journal of Ultimate Research and Trends in Education*.

Oliveira, W., Esteca, A. M. N. N., Wechsler, S. M., & Menesini, E. (2024). Bullying and cyberbullying in school: Rapid review on the roles of gratitude, forgiveness, and self-regulation. *International Journal of Environmental Research and Public Health, 21*(1).

Onal, A. A., & Yalçin, I. (2017). Self-forgiveness: The predictive role of cognitive distortions.

Paleari, G. F., Danioni, F., Pelucchi, S., Lombrano, M. R., Lumera, D., & Regalia, C. (2022). The relationship between self-forgiveness and psychological wellbeing in prison inmates: The mediating role of mindfulness. *Criminal Behaviour and Mental Health, 32*(4), 337–349.

Paluckaitė, U., & Žardeckaitė-Matulaitienė, K. (2019). Overcoming strategies of adolescents' risky online self-disclosure. *E-Methodology*.

Park, H.-J., & Jeon, K. (2013). Fashion savvy II: The influences of fear of negative evaluation by others, self-esteem, and consumer confidence in fashion decisions on fashion savvy. *The Research Journal of the Costume Culture, 21*(4), 562–575.

Perikova, E., & Bysova, V. M. (2018). Metacognition strategies in overcoming difficult life situations with the main focus on different levels of personal self-regulation. *The Novosibirsk State Pedagogical University Bulletin*.

Ponomarenko, N. (2022). Different approaches to the definition of the concept of "need for self-realization" in professional activity. *Educational Dimension*.

Ponte, J. P. M. D., Quaresma, M., & Mata-Pereira, J. (2022). Teachers' learning in lesson study: Insights provided by a modified version of the interconnected model of teacher professional growth. *ZDM – Mathematics Education, 54*(3), 373–386.

Purebl, G., Schnitzspahn, K., & Zsák, É. (2023). Overcoming treatment gaps in the management of depression with non-pharmacological adjunctive strategies. *Frontiers in Psychiatry, 14*.

Reitzes, D., Mutran, E., & Fernandez, M. E. (1996). Preretirement influences on postretirement self-esteem. *The Journals of Gerontology Series B: Psychological Sciences and Social Sciences, 51*(5), S242-9.

Ricciardelli, L., & McCabe, M. (2001). Self-esteem and negative affect as moderators of sociocultural influences on body dissatisfaction, strategies to decrease weight, and strategies to increase muscles among adolescent boys and girls. *Sex Roles, 44*(3-4), 189–207.

Rose, A. D. (1995). The dynamics of personal growth, development and change. *Adult Learning, 6*(3), 29–5.

Ruini, C., Offidani, E., & Vescovelli, F. (2015). Life stressors, allostatic overload, and their impact on posttraumatic growth. *Journal of Loss and Trauma, 20*(2), 109–122.

Sica, L., & Sestito, L. A. (2021). Personal skills for optimal identity development: A person-centered approach in Italian late-adolescents. *Journal for Person-Oriented Research, 7*(1), 36–51.

Silverberg, C. M. (2019). Critical embodied praxis for social justice and peace educators: A story of personal transformation through analysis of my Jewish and settler identities.

Skolnick, V. G., Lynch, B., Smith, L., Romanowicz, M., Blain, G., & Toussaint, L. (2023). The association between parent and child ACEs is buffered by forgiveness of others and self-forgiveness. *Journal of Child and Adolescent Trauma, 16*(4), 995–1003.

Suh, A., & Cheung, C. M. K. (2017). Beyond hedonic enjoyment: Conceptualizing eudaimonic motivation for personal informatics technology usage. *Interacción, 119–133.*

Swiger, T. (2020). Morally injurious experiences of combat-exposed veterans of Iraq and Afghanistan: Moderating effects of self-forgiveness on feelings of shame and guilt.

Thompson, J. K., Shroff, H., Herbozo, S., Cafri, G., Rodriguez, J., & Rodriguez, M. (2007). Relations among multiple peer influences, body dissatisfaction, eating disturbance, and self-esteem: A comparison of average weight, at risk of overweight, and overweight adolescent girls. *Journal of Pediatric Psychology, 32*(1), 24–29.

Tyan, M. (2023). The influence of the main strategies overcoming stress on professional activity of transport police officers. *Applied Psychology and Pedagogy.*

Tyler, J., Branch, S., & Kearns, P. (2016). Dispositional need to belong moderates the impact of negative social cues and rejection on self-esteem. *Social Psychology, 47*(2), 179–186.

Vets, I. V. (2023). Conscious self-regulation and coping strategies as resources for overcoming difficult life situations. *Theoretical and Experimental Psychology.*

Walbrugh, V. (2016). How to deal with low self-esteem: A 5-step, CBT-based plan for overcoming thoughts and eliminating self-doubt. *Educational Psychology in Practice, 32*(3), 324–324.

Westover, J. (2024). Overcoming feelings of being stuck: Strategies for moving your career forward. *Human Capital Leadership Review*.

Woodyatt, L., Cornish, M., & Cibich, M. (2017). Self-forgiveness at work: Finding pathways to renewal when coping with failure or perceived transgressions. In *The handbook of self-enhancement and self-protection* (pp. 293–307). Guilford Press.

Wu, J., Cheung, H., & Chan, R. (2017). Changing definition of teacher professionalism: Autonomy and accountability. In *Educational governance and accountability* (pp. 59–70). Springer.

Wu, L.-Z., Birtch, T. A., Chiang, F., & Zhang, H. (2018). Perceptions of negative workplace gossip: A self-consistency theory framework. *Journal of Management, 44*(5), 1873–1898.

Yashchenko, E. (2023). Interpersonal conflict, values, strategies for overcoming stress situations of students before and after the start of a special military operation. *Вестник Университета*.

Zaki, A., Nasution, I., Informasi, L., lDiri, K., & Smartphone, K. (2023). Implementation of information services through self-control strategies in overcoming smartphone addiction in students. *Jurnal Ilmiah Sekolah Dasar*.

Solicitação de resenha de livro

Caro leitor,

Obrigado por adquirir este livro! Gostaria muito de saber sua opinião. Escrever uma resenha de livro ajuda a entender os leitores e também afeta as decisões de compra de outros leitores. Sua opinião é importante. Por favor, escreva uma resenha sobre o livro! Sua gentileza é muito apreciada!

Sobre o autor

Dan Desmarques é um autor renomado com um histórico notável no mundo literário. Com um portfólio impressionante de 28 best-sellers da Amazon, incluindo oito best-sellers nº 1, Dan é uma figura respeitada no setor. Com base em sua formação como professor universitário de redação acadêmica e criativa, bem como em sua experiência como consultor de negócios experiente, Dan traz uma combinação única de conhecimento para seu trabalho. Suas percepções profundas e seu conteúdo transformador atraem um público amplo, abrangendo tópicos tão diversos quanto crescimento pessoal, sucesso, espiritualidade e o significado mais profundo da vida. Por meio de seus escritos, Dan capacita os leitores a se libertarem das limitações, liberarem seu potencial interior e embarcarem em uma jornada de autodescoberta e transformação. Em um mercado competitivo de autoajuda, o talento excepcional e as histórias inspiradoras de Dan fazem dele um autor de destaque, motivando os leitores a se envolverem com seus livros e a embarcarem em um caminho de crescimento pessoal e iluminação.

Também escrito pelo autor

1. 66 Days to Change Your Life: 12 Steps to Effortlessly Remove Mental Blocks, Reprogram Your Brain and Become a Money Magnet

2. A New Way of Being: How to Rewire Your Brain and Take Control of Your Life

3. Abnormal: How to Train Yourself to Think Differently and Permanently Overcome Evil Thoughts

4. Alignment: The Process of Transmutation Within the Mechanics of Life

5. Audacity: How to Make Fast and Efficient Decisions in Any Situation

6. Beyond Belief: Discovering Sacred Moments in Everyday Life

7. Beyond Illusions: Discovering Your True Nature

Sobre a editora

Esse livro foi publicado pela 22 Lions Publishing.

www.22Lions.com

www.ingramcontent.com/pod-product-compliance
Lightning Source LLC
Chambersburg PA
CBHW072011150726
47999CB00002B/597